개정판

기초 스페인어

español básico

최종호·김경희·Claudia Monroy Robles 공저

UUP

기초 스페인어

- 2023년 3월 02일 개정판 1쇄 발행
- 2012년 3월 14일 초판 3쇄 발행
- 2006년 2월 21일 초판 1쇄 발행
- **지은이** 최종호, 김경희, Claudia Monroy Robles 공저
- **펴낸이** 오연천
- **펴낸곳** UUP(울산대학교출판부) 680-749 울산광역시 남구 대학로 93(무거동) 울산대학교 출판부
- 전화 (052)259-2488 팩스 (052)277-3011 ▪ **홈페이지** http://uup.ulsan.ac.kr
- **출판등록** 제370-1996-000001호(1996.3.13)
- ₩ 15,000

ISBN 979.11.6726.022.2(93770)

책 소개

이 책은 저자들이 2004년 2월에 출간한 「스페인어 문법」의 기본 체제를 근간으로 하되, 문법은 기초적, 핵심적 내용으로 대폭 줄이고 문법을 연습할 수 있는 '연습문제'와 '강독(Lectura)'을 첨가하여 재구성한 것이다.

책의 제목이 말해주듯 이 책은 스페인어를 처음 접하는 학습자가 스페인어의 기본적인 내용을 전반적으로 학습, 이해할 수 있도록 구성하였다. 특히 예문의 선정에 많은 고심을 했는데, 학습자가 처할 수 있는 실제의 의사소통 상황에 필요한 예문들을 싣고자 노력하였으며, 각 문법사항에 대해 쉬운 예문에서 어려운 예문의 순서로 배열하였다. 각 단원의 문법 연습문제는 반복과 심화를 원칙으로 하여 본문에서의 학습 내용을 기억, 참고하여 풀 수 있는 문제를 배치하였고, 작문 연습문제 역시 본문의 예문에서 이미 나타난 표현들을 이용하여 작문할 수 있도록 하였다. 예문에서 난이도의 차이가 있듯이 문법 및 작문 연습문제에서도 난이도의 차이가 있으므로 자기의 수준에 맞추어 학습하면 좋을 것이다. 강독은 각 단원에서 학습한 문법 내용을 실제 문맥에서 확인해 볼 수 있도록 구성하였으며, 내용에 흥미를 더하고 스페인어권 문화를 조금이나마 소개하고자 관련 주제들에 대한 간략한 한국어 설명과 사진을 함께 실었다. 본 교재의 예문들은 멕시코 원어민 화자인 Claudia Monroy 교수가 직접 작문하거나 감수한 것으로, 국내 다른 문법서들에 비해 멕시코 등 중남미식 표현이 많으며, 문법 연습문제와 강독 자료는 다음의 참고문헌에서 주로 발췌하되, 저자들이 상황 및 수준에 맞게 변형시킨 것이다.

처음 각오와는 달리 여러 모로 많이 부족한, 기존의 스페인어 입문서와 별다른 차이를 찾기 힘든 교재를 내놓게 되었다. 교재 내용에 대한 문의나 의문, 질책은 언제든지 환영한다. 끝으로 이 책의 출판을 지원해준 울산대학교와 최종 편집 및 인쇄를 도맡아 수고해준 울산대학교 출판부에 감사드린다.

2006년 1월

저자 일동

개정판 서문

동일 교재의 개정판이라 하기 민망할 정도로 오랜 시간이 지났지만, 그 동안 강의에 사용하면서 수정, 보완한 내용을 반영해 개정판으로 내놓는다. 개정판의 체제상의 큰 변화는, 각 단원 후반부의 강독, 어휘, 문화 소개(화보 포함) 부분이 빠진 점, 연습문제의 답을 제공한다는 점 정도이다. 사실 처음 책을 발간할 때부터 제목을 『기초스페인어』로 할지, 『기초스페인어문법』으로 할지 망설였는데, 개정판은 사실상 후자에 가깝게 되었다. 그 동안 집필진에도 큰 변화가 있어서, 김경희 교수는 한국외국어대학교로 부임해 갔으며, Claudia Monroy 교수는 본국 멕시코로 귀국하였다. 따라서 개정판 작업은 최종호 교수 혼자 하게 되었다.

외국어 배우는 과정은 여행하기나 수영하기와 비교할 수 있는데, 여행을 잘 하기 위해 사전에 지도를 꼼꼼히 살펴보는 것이 필요하고 수영을 잘 하기 위해 강습을 통해 수영 동작의 기본을 잘 훈련하는 것이 필요하듯이, 외국어를 잘 배우기 위해서도 목표어의 문법 구조를 잘 이해하는 것이 필요하다는 것이다. 하지만, 여행과 수영의 궁극적인 목표가 지도 보기나 수영 강습이 아니듯이, 외국어 배우기에서도 궁극적인 목적은 목표어의 문법을 아는 것이 아니라 목표어를 사용하면서 실제 의사소통을 하는 것이다. 따라서 결국 이 교재의 역할도 실제 스페인어를 사용하기 전에 스페인어가 어떤 언어인지를 살펴보는, 일종의 '스페인어 지도' 정도라고 할 수 있다. 지겨운 '강습'은 가급적 일찍, 그렇지만 충실히

끝내고, 드넓은 스페인어권 지역을 유창한 스페인어로 마음껏 휘저으며 다니게 되기를 빈다. 끝으로 개정판 작업에서도 수고를 아끼지 않은 울산대 출판부 선생님들께 감사드린다.

2023년 2월

최종호

목차

Capítulo 4 관사(Artículos) / 41

Capítulo 5 형용사(Adjetivos)와 부사(Adverbios) / 51

Capítulo 6 수사(Numerales) / 61

Capítulo 7 지시사와 소유사 / 75

Capítulo 8 동사의 불규칙 인칭변화 / 85

Capítulo 9 목적격 인칭대명사 / 95

Capítulo 10 부정문, 의문문, 감탄문 / 109

Capítulo 11 직설법 완료과거시제와 불완료과거시제 / 121

Capítulo 12 미래시제와 조건시제 / 133

Capítulo 13 재귀대명사(Pronombres reflexivos) / 141

Capítulo 14 접속법(Modo subjuntivo)과 명령문(Imperativas) / 151

Capítulo 15 관계사(Relativos) / 169

Capítulo 16
형용사, 부사의 비교급(Comparativos)과 최상급(Superlativos) / 183

Capítulo 17
동사의 비인칭형(Formas impersonales del verbo) / 197

Capítulo 18 접속법 과거와 si 가정문 / 209

연습 문제 정답 / 217

스페인어의 발음

각각의 문자를 어떻게 발음하는지 그리고 각각의 단어에서 강세를 어디에 두는지를 알면 스페인어를 잘 읽을 수 있다. 스페인어에서는 이 두 가지가 규칙적이어서 스페인어 사전에는 발음 기호가 나타나 있지 않다.

1. 문자(Letras)와 발음(Pronunciación)

문자	명칭	발음	예
A a	a	[a]	**a**gu**a** c**a**m**a**
B b	be	[b]	**B**olivia la**b**io
C c	ce	[s], [θ]	**c**ena na**c**ión
		[k]	**c**alle ban**c**o **C**uba
Ch ch	che	[ʧ]	**Ch**ile co**ch**e
D d	de	[d]	**d**e**d**o ciu**d**a**d**
E e	e	[e]	**e**scuela d**e**porte
F f	efe	[f]	**f**iesta uni**f**orme
G g	ge	[x]	**g**igante tra**g**edia
		[g]	**g**afas Para**g**uay pa**g**o
H h	hache	[ ]	**H**onduras a**h**ora
I i	i	[i]	**i**dea m**i**edo
J j	jota	[x]	**j**uego espe**j**o
K k	ka	[k]	**k**ilo whis**k**i

문자	명칭	발음	예
L l	ele	[l]	luna cielo
Ll ll	elle	[y], [ʎ]	lluvia caballo
M m	eme	[m]	Madrid arma
N n	ene	[n]	novela sonrisa
Ñ ñ	eñe	[ɲ]	año niño
O o	o	[o]	oro símbolo
P p	pe	[p]	Perú copa
Q q	cu	[k]	Quijote bosque
R r	ere	[r]	parque corazón
		[rr]	regalo radio
(Rr) rr	erre	[rr]	carro guerra
S s	ese	[s]	salsa costa
T t	te	[t]	taco visita
U u	u	[u]	unidad lucha
V v	uve	[b]	vino favor
W w	uve doble	[w]	won kiwi
X x	equis	[ks], [s]	éxito taxi
		[x]	México Texas
Y y	ye, i griega	[i]	y rey
		[y]	yo ayuda
Z z	zeta	[s], [θ]	zona nariz

각 문자의 발음은 인터넷 사전 등을 통해 원어민의 발음을 직접 들으면서 확인하고 연습하는 것이 좋다. 한편 문자 중에서 ch, ll, rr 3개는 독자적인 소리는 가지지만 독립적인 문자로 간주되지는 않는다.

1) 주의해야 할 발음

① b와 v는 동일하게 [b]로 발음된다.

예) baño vaca nube nivel

② c는 모음 a, o, u나 자음 앞에서는 [k]로 발음되며, 모음 e, i 앞에서는 [s]나 [θ](영어 *think*의 첫소리)로 발음된다.

예) café barco cuenta cruz / dulce cita

스페인어에서는 폐쇄음 /k/, /p/, /t/가 된소리(경음: 우리말 ㄲ, ㅃ, ㄸ)로 발음된다.

예) banco copa tapas

③ g는 모음 a, o, u나 자음 앞에서는 [g]로 발음되며, 모음 e, i 앞에서는 [x](한국어의 'ㅎ'보다 더 강한 소리, 영어 *hot*의 첫소리)로 발음된다.

예) gas juego gusto tigre / general mágico

④ h는 소리나지 않는 음, 즉 묵음이다.

예) hambre historia ahorro vehículo

⑤ j는 [x], 즉 영어 *hot*의 첫소리처럼 발음된다.

예) jefe juez viejo pájaro

⑥ ll는 반자음 [y](한국어 '예'의 첫소리) 또는 구개음 [ʎ]로 발음된다.

예) llave llegada pollo cigarrillo

⑦ r은 단어의 중간이나 끝에서는 단순진동음 [r]로, 단어의 처음이나 자음 n, l, s 뒤에서는 복합진동음 [rr]로 발음된다.

예) cero humor pregunta / ropa razón sonrisa Israel

⑧ u는 gue, gui, que, qui에서는 u가 소리나지 않아 각각 [ge], [gi], [ke], [ki]로 발음되며, güe, güi에서는 u의 발음이 살아나 각각 [gue], [gui]로 발음된다.

예) Che Guevara, guía, cheque, Don Quijote / vergüenza lingüística

⑨ x는 일반적으로는 [ks]나 [s](주로 자음 앞)로 소리 나지만, 일부 지명(México 등)에서는 [x](영어 *hot*의 첫소리)로 발음된다. (단, 단어의 첫소리에서는 [s]: xilófono)

예) examen existencia extraño exposición / México Texas

⑩ z는 e, i 앞에서의 c와 마찬가지로 [s]나 [θ]로 발음된다.

예) zócalo zurdo tristeza luz

2. 강세(Acentuación)와 음절(Sílaba) 나누기

1) 강세 규칙

스페인어 단어는 다음과 같은 두 가지 규칙에 의해 그 강세 위치가 정해진다.

규칙1 모음이나 자음 n, s로 끝나는 단어는 마지막에서 두 번째 음절의 모음에 강세가 주어진다.

coche: cO-che palacio: pa-lA-cio guitarra: gui-tA-rra
examen: e-xA-men cumpleaños: cum-ple-A-ños

규칙2 위 경우를 제외한 모든 경우, 즉 n, s를 제외한 자음으로 끝나는 단어의 강세는 마지막 음절의 모음에 주어진다.

nariz: na-rIz reloj: re-lOj pastel: pas-tEl
televisor: te-le-vi-sOr felicidad: fe-li-ci-dAd

① 일부 단어는 강세규칙과 관계없이 미리 강세가 불규칙하게 표기되어 나타난다.

maíz página canción pirámide interés decisión

② 동일한 문자 배열을 가진 단어라도 강세 위치가 다르면 의미가 달라진다. 또한 불규칙한 강세표기가 있는지 없는지에 따라서도 의미가 달라진다.

esta: 이것 (지시대명사) está: -에 있다 (영어의 *be* 동사)
él: 그, 그 사람 (인칭대명사) el: 정관사 (영어의 *the*)
sí: 예 (영어의 *yes*) si: 만약에 (영어의 *if*)
té: (마시는) 차 te: 너를, 너에게(인칭대명사 목적격 형태)

2) 음절 나누기 규칙

단어에서 강세 위치를 정확히 알기 위해서는 음절 나누기를 할 수 있어야 한다.

① 두 모음 사이에 자음이 하나 있는 경우, 그 자음 앞에서 음절이 나누어진다.

ave: a-ve amigo: a-mi-go perro: pe-rro
mañana: ma-ña-na mochila: mo-chi-la
maravilla: ma-ra-vi-lla capacidad: ca-pa-ci-dad

② 두 모음 사이에 자음이 두 개 있는 경우, 자음 사이에서 음절이 나누어진다.

arte: ar-te　　amistad: a-mis-tad　　excepto: ex-cep-to
curso: cur-so　　naranja: na-ran-ja　　respecto: res-pec-to

③ 두 모음 사이에 자음이 3개 있고 그 두 번째 자음이 s이면 그 s뒤에서 음절이 나누어진다.

obscuro: obs-cu-ro　　instinto: ins-tin-to　　constante: cons-tan-te

④ 강모음과 강모음, 강모음과 강세표기(Acento ortográfico) 있는 약모음이 연속될 경우 그 사이에서 음절이 나누어진다.
(강모음: a, e, o/ 약모음: i, u)

toalla: to-a-lla　　paseo: pa-se-o　　país: pa-ís　　día: dí-a

3) 모음군과 자음군

음절 나누기 규칙을 적용할 때 다음과 같은 **이중모음(Diptongo)**, **삼중모음(Triptongo)**, **이중자음(Grupo consonántico)**은 하나의 모음 또는 자음으로 간주하여 분리하지 않는다.

① **이중모음**: 강모음+약모음, 약모음+강모음, 약모음+약모음의 조합

ai au ei eu oi ou ia ua ie ue io uo iu ui

baile: bai-le　　causa: cau-sa　　reina: rei-na　　pieza: pie-za
Europa: Eu-ro-pa　　envidia: en-vi-dia　　canción: can-ción
puerto: puer-to　　lengua: len-gua　　cuidado: cui-da-do

② **삼중모음**: **iai iei uai uei**

cambiáis: cam-biáis　　pronunciéis: pro-nun-ciéis
Paraguay: Pa-ra-guay　　buey: buey

③ **이중자음**: 일부 자음 + l, r

bl, br, cl, cr, fl, fr, gl, gr, pl, pr, tl, tr, dr

diablo: dia-blo　　broma: bro-ma　　escritorio: es-cri-to-rio
clase: cla-se　　fresa: fre-sa　　congreso: con-gre-so
triunfo: triun-fo　　refresco: re-fres-co　　atleta: a-tle-ta

하지만 cc와 nn은 이중자음이 아니므로 그 사이에서 분리된다.

inspección: ins-pec-ción　　innato: in-na-to

④ 이중모음이나 삼중모음이 있는 음절에 강세가 올 경우 그 모음군의 강모음에 강세가 주어지며, 이중모음이 두 개의 약모음으로 이루어진 경우 뒤에 오는 약모음에 강세가 주어진다.

tiempo: tiEm-po　　peine: pEi-ne　　puerta: puEr-ta
buey: buEy　　viuda: viU-da　　Suiza: SuI-za

연습 문제

(문제 1) 다음 단어를 음절분해하고 적절한 위치에 강세표시를 하시오.

caballo	pastel	toalla
transporte	maravilla	escritorio
amistad	canciones	triunfo
tiempo	televisor	barrio
innecesario	orden	atleta
instituto	cuarto	poema
influencia	Paraguay	empleo

(문제 2) 각 문자의 발음과 음절, 강세에 유의하여 다음 단어를 소리 내어 읽으시오.

cerveza	uniforme	envidia	refresco	general
vacaciones	vergüenza	tigre	dulce	gigante
héroe	Jamaica	kilómetro	llegada	juguete
muchacho	ahorro	pequeño	excepto	zapatilla
máquina	yerno	vehículo	México	whisky(wiski)

Capítulo 1

주격 인칭대명사와 연결동사 ser, estar

1. 주격 인칭대명사(Pronombres personales)

인칭대명사가 문장 내에서 주어의 역할을 할 경우 아래의 형태로 나타난다.

	단수	복수
1인칭	yo 나	nosotros/nosotras 우리
2인칭	tú 너	vosotros/vosotras 너희
3인칭	él 그	ellos 그들
	ella 그녀	ellas 그녀들
	usted (Ud.) 당신	ustedes (Uds.) 당신들

Yo estudio español. 나는 스페인어를 공부한다.

Tú estudias español. 너는 ...

Él/Ella/Ud. estudia español. 그는/그녀는/당신은 ...

Nosotros/Nosotras estudiamos español. 우리는 ...

Vosotros/Vosotras estudiáis español. 너희는 ...

Ellos/Ellas/Uds. estudian español. 그들은/그녀들은/당신들은 ...

① tú, vosotros에 대한 경칭(敬稱)인 usted(Ud.), ustedes(Uds.)는 개념적으로는 2인칭이나 문법적으로는 3인칭으로 간주한다.

Tú estudias español. 너는 스페인어를 공부한다.
Ud. estudia español. 당신은 스페인어를 공부합니다.

② **tú와 usted의 사용**: 일반적으로 usted은 손윗사람, 낯선 사람, 직업적 혹은 사무적 관계일 때 등에 사용된다. 이에 반해 tú는 친구 사이, 가족 사이, 손아랫사람인 경우 등에 주로 사용된다. 중남미의 많은 지역에서는 이러한 구분이 어느 정도 지켜지고 있다. 하지만 스페인에서는 tú, Ud.의 차이가 이러한 평칭(平稱)과 경칭(敬稱)의 차이라기보다는 오히려 친근감의 차이로 나타나며, 일반적으로 Ud.보다는 tú를 사용하는 경향이 있다. 한편 tú의 복수형인 vosotros는 스페인에서만 사용하며 중남미에서는 vosotros 대신 ustedes를 사용한다.

③ 주어가 복수인 경우 1인칭을 포함하면 1인칭 복수, 1인칭 없이 2인칭이 나타나면 2인칭 복수, 1인칭이나 2인칭을 포함하지 않으면 3인칭 복수로 간주된다.

Pedro y yo bailamos tango. (1인칭 복수) 빼드로와 나는 탱고를 춘다.
Luis y tú bailáis tango. (2인칭 복수) 루이스와 너는 탱고를 춘다.
Ella y Ud. bailan tango. (3인칭 복수) 그녀와 당신은 탱고를 춥니다.

2. 연결동사(Verbos copulativos, 계사) ser, estar

영어의 *be*동사에 해당한다.

	ser		estar	
	단수	복수	단수	복수
1인칭	soy	somos	estoy	estamos
2인칭	eres	sois	estás	estáis
3인칭	es	son	está	están

1) Ser 동사의 용법

① 명사나 형용사를 보어로 하여 주어의 본질이나 속성을 나타낸다.

Ella es Carmen. 그녀는 까르멘이다.
Mario es pianista. 마리오는 피아니스트이다.
Tú eres coreano. 너는 한국인이다.
Soy cristiano. 나는 기독교 신자이다.
Ese es un reloj. 그것은 시계이다.

Él es amable. 그는 다정하다.
La clase es interesante. 수업은 재미있다.
La casa es grande. 집이 크다.
El tema es difícil. 주제가 어렵다.

② ser de는 주어의 **소유관계**, **출신**, **재료** 등을 나타낸다.

El libro es de mi amigo. 그 책은 내 친구의 것이다.
La tienda es de Cristina. 상점은 끄리스띠나의 것이다.

Soy de España. 나는 스페인 출신이다.
El tango es de Argentina. 탱고는 아르헨티나에서 온 것이다.

La copa es de cristal. 술잔은 크리스탈로 되어 있다.
Los abrigos son de piel. 외투는 가죽으로 되어 있다.

③ '(어떤 일이) 일어나다'의 의미를 갖는다.

La ceremonia es en la Calle Montevideo.
예식은 몬테비데오 거리에서 있다.
Mi boda es en la Catedral de San Pedro.
내 결혼식은 산 뻬드로 성당에서 한다.

La cita es mañana. 약속은 내일이다.

El partido es este sábado. 경기는 이번 토요일이다.

¿Dónde es la conferencia? 강연회는 어디서 합니까?

2) Estar 동사의 용법

① 형용사를 보어로 하여 주어의 가변적, 일시적 상태를 나타낸다.

Estoy cansado. 나는 피곤하다.

El pescado está fresco. 생선은 신선하다.

Carmen está enferma. 까르멘은 아프다.

La cafetería está sucia. 카페테리아는 지저분하다.

Estamos tristes. 우리는 슬프다.

② 전치사구, 부사를 보어로 하여 주어의 공간적, 시간적 위치를 나타낸다.

Los chicos están en el jardín. 소년들은 정원에 있다.

El coche está en el parque. 자동차는 공원에 있다.

La camisa está en esa tienda. 셔츠는 그 상점에 있다.

Mi casa está lejos de aquí. 내 집은 여기서 멀다.

¿Dónde están tus padres? 네 부모님은 어디 계시니?

Estamos en primavera y el verano está cerca.
지금은 봄이고 여름이 가깝다.

3) Ser와 Estar의 비교

① 동일한 구조의 문장도 연결동사가 ser인가 또는 estar인가에 따라 의미가 달라진다. 즉, ser가 사용된 경우는 **지속적, 본질적** 자질이나 특성을 나타내며 estar가 사용된 경우는 **일시적, 가변적** 상태를 나타낸다.

Mi hermana es alegre. (원래) 내 여동생은 쾌활한 사람이다.
Mi hermana está alegre. (지금) 내 여동생은 즐거워하고 있다.

La manzana es verde. (원래) 그 사과는 푸른색이다.
La manzana está verde. (지금) 그 사과는 (덜 익어서) 푸른색이다.

Mi novio es aburrido. (원래) 내 애인은 지겨운 사람이다.
Mi novio está aburrido. (지금) 내 애인은 지겨워하고 있다.

Elena es lista. (원래) 엘레나는 영리하다.
Elena está lista para salir. (지금) 엘레나는 나갈 준비가 되어 있다.

El cantante es nervioso. (원래) 그 가수는 신경이 예민하다.
El cantante está nervioso por el concierto.
(지금) 그 가수는 음악회 때문에 신경이 곤두서 있다.

El paisaje es bonito. (원래) 그 풍경은 예쁘다.
El paisaje está bonito. (지금) 그 풍경은 예뻐 보인다.

Juan es delgado, pero con esa ropa está gordo.
후안은 날씬한데, 그 옷을 입으니 뚱뚱하다(뚱뚱해 보인다).
La clase es interesante, pero hoy no está interesante.
그 수업은 재미있는데, 오늘은 재미가 없다.
El asunto es serio, ¿por qué no estás serio?
일이 심각한데, 너는 왜 심각해 하지 않니?

② estar뒤에 장소를 나타내는 표현이 올 경우는 **사람이나 사물이 위치해 있는 장소**를 나타내며, ser뒤에 장소를 나타내는 표현이 올 경우는 **어떤 일이나 사건(evento)이 일어난 장소**를 나타낸다.

El hospital está en el centro. 병원은 시내에 있다.
Tu coche está cerca de aquí. 네 차는 이 근처에 있다.
¿Dónde están mis amigos? 내 친구들은 어디 있니?

El accidente es en la calle. 사고는 거리에서 일어난다.
La clase de inglés es en esta aula. 영어 수업은 이 강의실에서 있다.
¿Dónde es tu presentación? 네 발표는 어디니?

연습 문제

(문제 1) 적절한 인칭대명사를 넣으시오.

1. _____ eres mi amiga.
2. _____ estudiamos español.
3. _____ está en la calle.
4. _____ son mis padres.
5. _____ bailo tango.

(문제 2) ser와 estar 중 적절한 것을 골라 문맥에 맞게 인칭변화 시키시오.

1. Ella _____ estudiante.
2. Luis y su hijo _____ enfermos.
3. La universidad _____ en México.
4. Nosotros _____ españoles.
5. El chico _____ con sus amigos.
6. El reloj _____ de María.
7. Marta es baja, pero hoy _____ alta con los zapatos.
8. Los vinos _____ de Chile.
9. Ahora el niño _____ muy alegre con sus amigos.
10. Yo _____ muy nervioso; mañana tengo un examen difícil.
11. ¿Tú _____ aburrida ahora?

12. José _____ muy aburrido; siempre trabaja.

13. El hospital _____ muy sucio esta noche.

14. El concierto _____ esta noche.

15. Tomamos té todos los días; _____ muy bueno para la salud.

(문제 3) 주어진 단어를 이용하여 문장을 만드시오. 단, 동사는 적절하게 인칭변화 시키시오.

1. estar / enferma / mi amiga
2. Pedro / España / ser de
3. en casa / estar / mis padres
4. amables / ellos / ser
5. mi hermano / ser / médico
6. estar / cansada / yo
7. él / mi novio / ser
8. en Seúl / estar / la universidad
9. ¿? dónde / ser / el accidente
10. ser de / el reloj / oro

Capítulo 2

동사의 인칭변화(Conjugaciones verbales)

1. 규칙적 인칭변화

스페인어의 동사원형은 어미가 -ar, -er 혹은 –ir로 끝나며, 직설법 현재시제에서 주어에 따라 아래와 같이 인칭 변화한다.

	동사 원형	1인칭 단수	2인칭 단수	3인칭 단수	1인칭 복수	2인칭 복수	3인칭 복수
제1변화형	amar	amo	amas	ama	amamos	amáis	aman
제2변화형	comer	como	comes	come	comemos	coméis	comen
제3변화형	vivir	vivo	vives	vive	vivimos	vivís	viven

Yo amo a mis padres. 나는 내 부모님을 사랑한다.

Tú comes mucho. 너는 많이 먹는다.

Ellos viven en Seúl. 그들은 서울에 산다.

① **제 1변화형**: hablar 말하다 estudiar 공부하다 cantar 노래하다 bailar 춤추다 preguntar 질문하다 visitar 방문하다 trabajar 일하다 llegar 도착하다

comprar 사다 buscar 찾다 llamar 부르다 pagar 지불하다 contestar 답하다 desear 원하다 cambiar 바꾸다 esperar 기다리다 invitar 초대하다 preparar 준비하다 viajar 여행하다 ayudar 돕다 saludar 인사하다 terminar 끝나다 regresar 돌아오다 escuchar 듣다 necesitar 필요로 하다 descansar 쉬다 caminar 걷다 limpiar 청소하다

cantar: canto cantas canta cantamos cantáis cantan

bailar: bailo bailas baila bailamos bailáis bailan

Ella baila con mi hermano. 그녀는 내 형이랑 춤을 춘다.

¿Cantan Uds. bien? 당신들은 노래를 잘 하나요?

¿Tú compras ropa? 너는 옷을 사니?

Saludamos al profesor. 우리는 선생님께 인사한다.

② **제 2변화형**: leer 읽다 beber 마시다 aprender 배우다 vender 팔다 creer 믿다 comprender 이해하다 correr 달리다 temer 두려워하다 romper 부수다 poseer 소유하다

leer: leo lees lee leemos leéis leen

beber: bebo bebes bebe bebemos bebéis beben

Ellos leen las novelas. 그들은 소설을 읽는다.

¿Tú aprendes español? 너는 스페인어를 배우니?

Bebo cerveza en la fiesta. 나는 파티에서 맥주를 마신다.

Creemos en tu palabra. 우리는 네 말을 믿는다.

③ **제 3변화형**: escribir 쓰다 subir 오르다 abrir 열다 asistir 참석하다 describir 기술하다 partir 떠나다 dividir 나누다 recibir 받다 cubrir 덮다 sufrir 고생하다 decidir 결정하다

subir: subo subes sube subimos subís suben

abrir: abro abres abre abrimos abrís abren

Ellos suben a tu oficina. 그들이 네 사무실로 올라간다.

Yo recibo un regalo con alegría. 나는 기쁘게 선물을 받는다.

Usted decide la hora. 당신이 시간을 정합니다.

Ella asiste a la clase de español. 그녀는 스페인어 수업에 출석한다.

2. 주격 인칭대명사의 생략

① 스페인어에서는 주격 인칭대명사가 생략되는 경우가 많은데, 이는 동사 어미를 보면 주어가 몇 인칭인지를 알 수 있기 때문이다.

Estudio español. – (Yo) estudio español. 나는 스페인어를 공부한다.

Bebes mucho. – (Tú) bebes mucho. 너는 많이 마신다.

Entramos al cine. – (Nosotros) entramos al cine. 우리는 극장에 들어간다.

주어가 3인칭인 경우는 문맥을 통해 주어를 알 수 있는 경우에 주어를 생략한다.

Escribe una carta. – (Él/ Ella/ Ud.) escribe una carta.
(그는/그녀는/당신은) 편지를 한 통 쓴다.

Aprenden idiomas. – (Ellos/ Ellas/ Uds.) aprenden idiomas.
(그들은/그녀들은/당신들은) 언어를 배운다.

② 스페인어에서는 주어가 1인칭, 2인칭인 경우 그리고 문맥을 통해 주어를 알 수 있는 경우 주어가 생략되는 문장이 더 자연스럽다. 이런 경우에 인칭대명사 주어가 나타나면 그 주어는 강조되거나 다른 주어와 대조되는 경우 등이다.

Regreso la próxima semana. 나는 다음 주에 돌아온다.

Ella dice que regresa la próxima semana.
그녀는 다음 주에 돌아온다고 말한다.

Yo regreso la próxima semana. 내가 다음 주에 돌아온다.

¿Tú escuchas bien? 너 잘 듣니?

Él limpia la casa y yo leo el periódico.

그는 집을 청소하고 나는 신문을 읽는다.

3. 직설법 현재 시제의 용법

① 현재에 일어나고 있는 행위나 상태를 나타낸다.

Ahora descansamos. 지금 우리는 쉰다.

La secretaria contesta el teléfono. 비서는 전화를 받는다.

Caminan juntos en la playa. 그들은 함께 해변을 걷는다.

¿Preparas la comida para los gatos? 고양이 밥을 준비하니?

② 현재의 습관적, 반복적 행위나 상태를 나타낸다.

Todos los días leemos el periódico. 우리는 매일 신문을 읽는다.

Siempre hace frío aquí. 여기는 항상 춥다.

Viajan cada año por América Latina. 해마다 라틴아메리카를 여행한다.

③ 미래에 일어날 행위를 나타내는 데에도 사용된다. 이 경우는 mañana, después 등과 같이 미래를 나타내는 시간 표현이 함께 나타날 때가 많다.

¿Vamos al cine después de la clase? 수업 마치고 영화관에 갈래?

Viajo a Cancún el fin de semana. 주말에 깐꾼으로 여행 간다.

Mañana hay un concierto. 내일 음악회가 있다.

연습 문제

(문제 1) 괄호 안의 동사를 직설법 현재 형태로 바꾸시오.

1. Yo (comprar) dulces aquí.
2. Mis padres no (vivir) en Seúl.
3. Ellos no (comer) kimchi.
4. ¿Vosotros (estudiar) español e inglés?
5. Mi hermana (escribir) una novela.
6. ¿Uds. siempre (beber) cerveza en las comidas?
7. ¿Tú (tomar) café?
8. El gato (subir) al sofá.
9. Yo (leer) dos periódicos todos los días.
10. ¿(Comprender) vosotros esta pregunta?
11. ¿(Trabajar) Ud. en esta oficina?
12. ¿Por qué no (abrir) tú la ventana?
13. Los niños (recibir) los regalos con alegría.
14. Nosotros (asistir) a clases cinco días por semana.
15. Ellos (vender) ropa en el parque.
16. ¿Qué (aprender) Ud. en la universidad?
17. ¿Cuándo (partir) el tren para Sevilla?
18. ¿(Llegar) Uds. mañana por la mañana?
19. Él (correr) para no llegar tarde a la escuela.
20. Mi amiga y yo (bailar) en una fiesta.

(문제 2) 주어진 단어를 이용하여 문장을 만드시오. 단, 동사는 적절하게 인칭변화 시키시오.

1. Nosotros / español / aprender
2. ¿? / vivir / en el centro / tú
3. la secretaria / tres idiomas / hablar
4. mi hermana / la ventana / abrir
5. ahora / una carta / escribir / yo
6. leer / el periódico / por la mañana / mi padre
7. comprar / la ropa / para su novia / él
8. Carmen / bailar / salsa / en la discoteca
9. ¿? / en la comida / comer / frutas / Ud.
10. ¿? / a casa / regresar / vosotros / después de la clase

Capítulo 3

명사(Sustantivos)

스페인어에서 명사는 성, 수 변화를 한다.

1. 명사의 성(Género)

명사의 성은 **남성(Masculino)**과 **여성(Femenino)**이 있다. 주로 남성명사는 –o 어미로 끝나고 여성명사는 –a 어미로 끝난다.

① 자연적 성(Género natural): 명사가 사람이나 동물을 지칭하여 자연적으로 성이 정해지는 경우

el amigo 남자친구 / la amiga 여자친구
el hijo 아들 / la hija 딸
el primo 남자사촌 / la prima 여자사촌
el vecino 남자이웃 / la vecina 여자이웃
el secretario 남자비서 / la secretaria 여자비서
el gato 수코양이 / la gata 암코양이
el perro 수캐 / la perra 암캐

Juana es su prima. 후아나는 그의 사촌이다.

Él tiene un hijo y una hija. 그는 아들 하나와 딸 하나가 있다.
¿La secretaria es guapa? 그 여비서는 예쁘니?
El perro ataca a los visitantes. 그 개가 방문객들을 공격한다.

② 문법적 성(Género gramatical): 자연적으로 성이 정해지지 않는 경우. 이런 명사는 문법적으로 성이 남성 혹은 여성으로 정해져 있다.[1)]

남성:	el libro 책	el coche 차	el reloj 시계	el dinero 돈
	el sol 태양	el árbol 나무	el parque 공원	el vino 포도주
	el arroz 쌀	el examen 시험	el plato 접시	el mes 월

여성:	la casa 집	la mesa 탁자	la iglesia 교회	la palabra 단어
	la flor 꽃	la gente 사람	la ropa 옷	la cocina 부엌
	la hora 시간	la rosa 장미	la llave 열쇠	la piel 피부

La mesa es nueva. 그 탁자는 새 것이다.
El examen necesita mucho tiempo. 그 시험은 많은 시간을 필요로 한다.
Busca el vino en la cocina. 주방에서 포도주를 찾는다.
Lavamos la ropa. 우리는 옷을 세탁한다.

③ 대개 –o로 끝나는 명사는 남성이고 –a로 끝나는 명사는 여성이지만, 다음과 같이 반대되는 경우도 있다.

남성:	el día 날	el mapa 지도	el problema 문제	el tema 주제
	el programa 프로그램		el idioma 언어	el sistema 시스템
	el poema 시		el clima 기후	el drama 드라마

1) –ión, –ad, –umbre, –ie 등으로 끝나는 명사는 대체로 여성이다.
la canción 노래 la amistad 우정
la cumbre 정상 la superficie 표면

여성: la mano 손 la radio 라디오 방송 la foto(la fotografía) 사진
la moto(la motocicleta) 오토바이 la soprano 소프라노

El médico trabaja todo el día. 의사는 하루 종일 일한다.
El poema habla del amor. 그 시는 사랑을 이야기한다.
La mano está sucia. 손이 더럽다.
¿Tomas la foto de las flores? 꽃 사진을 찍니?

④ 남성명사에 어미 –a를 더하여 같은 의미의 여성명사를 만들기도 한다.

el doctor – la doctora 의사 el profesor – la profesora 교수
el señor – la señora 신사 – 부인 el autor – la autora 저자
el español – la española 스페인 사람 el inglés – la inglesa 영국인
el dios – la diosa 신 – 여신 el cliente – la clienta 고객
el león – la leona 사자 el presidente – la presidenta 의장, 대통령

El señor Rodríguez habla varias lenguas.
로드리게스씨는 여러 언어를 말한다.
La señora es como mi hermana. 그 부인은 내 언니 같은 분이다.
El profesor es mi vecino. 그 교수는 내 이웃이다.
La española baila flamenco. 그 스페인여자는 플라멩코를 춘다.

⑤ 일부 명사는 남성과 여성의 형태가 동일하다. 이 경우 관사나 수식어로 성이 구별될 수 있다.

joven 젊은이 líder 지도자 cantante 가수 estudiante 학생
modelo 모델 pianista 피아니스트 turista 관광객 artista 예술가
novelista 소설가 periodista 기자 dentista 치과의사 guía 가이드
ayudante 조수 amante 연인 terrorista 테러리스트

El cantante se llama Ricky Martin. 그 가수 이름은 리키 마틴이다.
La cantante es muy famosa en Corea.
그 여가수는 한국에서 아주 유명하다.

José es el líder del grupo. 호세가 그룹의 리더이다.
La joven es la líder de la empresa. 그 젊은 여자가 회사의 리더이다.
El joven es el hermano de nuestro jefe.
그 젊은이는 우리 사장의 동생이다.

⑥ 남성과 여성을 나타내기 위해 좀 더 복잡한 어미변화를 하거나 서로 다른 단어를 사용하는 경우도 있다.

el rey – la reina 왕 – 여왕, 왕비　　el actor – la actriz 남자배우 – 여자배우
el hombre – la mujer 남자 – 여자　　el caballero – la dama 신사 – 숙녀
el marido – la mujer/esposa 남편 – 부인　　el héroe – la heroína 영웅
el príncipe – la princesa 왕자 – 공주　　el poeta – la poetisa 시인

La madre del actor está enferma. 그 배우의 어머니는 아프다.
¿Invitamos al poeta? 그 시인을 초대하니?
La princesa se casa esta semana. 공주님이 이번 주에 결혼한다.
La mujer siempre viaja en avión. 그 여자는 항상 비행기로 여행한다.

2. 명사의 수(Número)

단수(Singular)와 복수(Plural)가 있으며, 다음과 같은 규칙에 따라 단수명사를 복수명사로 만든다.

① 강세 없는 모음으로 끝나는 단수명사는 –s를 붙여 복수로 만든다.[2)]

---

2) 강세 있는 모음으로 끝나는 단수명사는 단어에 따라 –s나 –es를 붙여 복수로 만든다.
café – cafés 커피　　papá – papás 아빠
rubí – rubíes 루비　　bambú – bambúes/bambús 대나무

carta – cartas 편지 amigo – amigos 친구
calle – calles 거리 pie – pies 발

Ella recibe muchas cartas estos días. 그녀는 요즘 편지를 많이 받는다.
En las calles venden las bolsas baratas. 거리에서 값싼 가방을 판다.
Espero a mis amigos en la estación. 나는 역에서 친구들을 기다린다.
Los pies del chico están muy sucios. 그 아이의 발이 많이 지저분하다.

② 자음으로 끝나는 단수명사는 -es를 붙여 복수로 만든다.

flor – flores 꽃 mes – meses 월 rey – reyes 왕
papel – papeles 종이 tren – trenes 기차 país – países 국가
televisor – televisores TV수상기

Las flores necesitan agua para vivir. 꽃은 살기 위해 물이 필요하다.
Los trenes de juguete son caros. 장난감 기차들은 비싸다.
En la tienda, los televisores están en oferta. 그 상점에서 TV가 세일 중이다.
Buscamos los papeles para el examen. 시험 칠 종이를 찾고 있다.

③ z로 끝나는 명사는 z를 c로 바꾼 후 –es를 붙인다.

luz – luces 빛 voz – voces 목소리
lápiz – lápices 연필 actriz – actrices 여배우

Compramos lápices en una papelería. 문구점에서 연필을 산다.
Apaga las luces en la noche. 밤에는 불을 끈다.
Las actrices practican una obra. 여배우들이 한 작품을 연습한다.

④ 단수명사가 복수로 되면서 원래의 강세 위치가 바뀌게 될 경우, 원래의 강세위치에 강세표기를 더해 준다.[3)]

3) 단수에서 복수로 바뀌면서 강세 위치가 변하는 경우도 있다.
carácter – caracteres 성격 régimen – regímenes 체제

examen – exámenes 시험　　　joven – jóvenes 젊은이
resumen – resúmenes 요약　　　crimen – crímenes 범죄

반면에 불규칙한 강세표기를 가진 단수명사가 복수형으로 바뀌면서 강세규칙의 적용을 받게 되는 경우 강세표기를 삭제해 준다.

televisión – televisiones TV　　　jardín – jardines 정원
inglés – ingleses 영국인　　　autobús – autobuses 버스
ladrón – ladrones 도둑　　　vacación – vacaciones 휴가, 방학
interés – intereses 관심, 이자　　　religión – religiones 종교

Mañana tengo dos exámenes. 나는 내일 시험이 두 개 있다.
Los jóvenes de esta ciudad son muy simpáticos.
이 도시의 젊은이들은 아주 착하다.
Son incómodos esos autobuses. 그 버스들은 불편하다.
Los parques tienen amplios jardines. 공원에는 넓은 정원이 있다.
Los intereses del banco son altos. 은행 이자가 높다.

⑤ 일부 명사는 단수형과 복수형의 형태가 동일하다.[4] 이런 경우 관사나 수식어로 단수, 복수가 구분되기도 한다.

el viernes – los viernes 금요일　　　el paraguas – los paraguas 우산
el cumpleaños – los cumpleaños 생일　　　el virus – los virus 바이러스
el salvavidas – los salvavidas 구조대　　　el análisis – los análisis 분석

Hoy es el cumpleaños de Cristina. 오늘은 Cristina의 생일이다.
Uso el paraguas por la lluvia. 비 때문에 우산을 사용한다.
Los virus en la computadora son frecuentes. 컴퓨터 바이러스는 흔하다.
Los viernes son mis días favoritos. 금요일이 내가 제일 좋아하는 날이다.

---

4) 이런 명사는 –s로 끝나면서 마지막 음절에 강세가 없는 경우이다.

연습 문제

(문제 1) 다음 명사의 성을 괄호 안에 표시하되, 남성은 el로, 여성은 la로 표시하시오.

( ) cocina	( ) vino	( ) gente	( ) examen
( ) hora	( ) arroz	( ) árbol	( ) llave
( ) película	( ) día	( ) tren	( ) foto
( ) pie	( ) religión	( ) programa	( ) mapa
( ) mano	( ) idioma		

(문제 2) 다음 명사의 복수형을 쓰시오.

amigo ( )	calle ( )	televisor ( )
mes ( )	rey ( )	pie ( )
reloj ( )	ciudad ( )	voz ( )
canción ( )	autobús ( )	crimen ( )
paraguas ( )	joven ( )	miércoles ( )

(문제 3) 다음 남성명사의 여성형을 쓰시오.

hijo ( )	hermano ( )	chico ( )
alumno ( )	gato ( )	abuelo ( )
médico ( )	inglés ( )	director ( )
rey ( )	ladrón ( )	actor ( )

jefe (   )   caballero (   )

(문제 4) 문맥에 맞게 명사의 성, 수를 괄호 안에 표시하되, 남성단수는 el로, 여성단수는 la로, 남성복수는 los로, 여성복수는 las로 각각 표시하시오.

1. (   ) pianista es su esposa.
2. (   ) periodistas se llaman Isabel y Alberto.
3. (   ) jóvenes son mis alumnas.
4. (   ) modelo es la hermana de mi amigo.
5. Ella compra (   ) paraguas negro.
6. (   ) dentista no es simpático.
7. Dicen que (   ) cantante se casa con el actor.
8. (   ) estudiantes no tienen novia.
9. No tengo clases (   ) viernes, pero este viernes tengo una clase.
10. (   ) cumpleaños de mis padres son el mismo día.

(문제 5) 다음을 스페인어로 옮기시오.

1. 그 의사는 내 사촌이다.
2. Ernesto는 자기 여자친구를 찾는다.
3. 그 관광객들은 스페인에서 왔다.
4. 그 비서 이름은 Elena이다.
5. 이번 주에 방학이 시작된다.
6. 나는 일요일마다 교회에 간다.
7. 그 청년들은 참 잘생겼다.
8. 내가 제일 좋아하는 꽃은 장미꽃이다.
9. 그 여류소설가가 그 작품의 저자이다.

Capítulo 4

관사(Artículos)

관사에는 정관사와 부정관사가 있다. 정관사가 명사 앞에 나타나면 그 명사 중 특정한 대상을 나타내거나 그 명사 전체를 나타낸다. 부정관사가 명사 앞에 나타나면 그 명사 중 정해지지 않은 어떤 대상을 나타낸다.

La clase es divertida. 그 수업은 재미있다.
El amor es ciego. 사랑은 눈먼 것이다.

Una estudiante busca la oficina. 어떤 여학생이 사무실을 찾고 있다.

1. 정관사(Artículos definidos)

1) 정관사의 형태

① 성, 수에 따라 다음과 같은 형태를 갖는다.

	단수	복수	예
남성	el	los	el libro los libros
여성	la	las	la casa las casas

② 남성 정관사 el이 전치사 a, de 뒤에 붙어 나올 경우 al, del로 축약된다.

a + el → **al**	Voy al museo. 나는 박물관에 간다.
de + el → **del**	Aquí está el coche del profesor. 여기에 선생님의 차가 있다.

③ 강세 있는 a, ha로 시작되는 단수 여성명사 바로 앞에 정관사가 올 경우 la가 아니라 el을 사용한다. 그러나 이런 명사가 복수가 되거나 이런 명사와 정관사 사이에 다른 단어가 들어가면 la를 그대로 사용한다.

el agua 물　el hambre 배고픔　el alma 영혼　el ave 새
la clara agua 맑은 물　las aguas 바다
la limpia alma 깨끗한 영혼　las almas puras 순수한 영혼

El agua del río está muy fría. 강물이 아주 차다.
Los padres compran las aves para los niños.
부모님이 아이들을 위해 그 새들을 산다.

2) 정관사의 용법

정관사의 용법은 크게 특정적 용법과 총칭적(혹은 일반적) 용법으로 나눌 수 있다.

① **특정적 용법**(Uso específico)
이미 앞에 언급되었거나 알려져 있는 '특정한' 대상을 지칭하기 위해 정관사가 사용되는 경우이다. 우리말로는 주로 '그'로 번역되며, 생략될 수 없다.

Necesito el libro para mi clase. 나는 수업을 위해 그 책이 필요하다.
¿Por qué está enojada la profesora? 그 여선생님이 왜 화가 나있니?
El abrigo azul es muy bonito. 그 푸른 외투는 아주 예쁘다.

② **총칭적 용법**(Uso genérico)

집합적, 추상적 의미로 어떤 명사 전체를 지칭하기 위해 정관사가 사용되는 경우이다.

El otoño es el tiempo para leer. 가을은 독서를 위한 시기이다.
La muerte es inevitable para todos.
죽음은 모두에게 피할 수 없는 것이다.
El descanso es necesario en la vida. 휴식은 삶에서 필요한 것이다.

③ 한 문장이 문맥에 따라 총칭적 용법으로도, 특정적 용법으로도 해석될 수 있다.

La vida es hermosa. 인생은 아름답다. - 총칭적 용법
그 인생은 아름답다. - 특정적 용법

El perro es fiel a sus dueños. 개는 주인에게 충실하다. - 총칭적 용법
그 개는 주인에게 충실하다. - 특정적 용법

3) 정관사의 생략

① 명사가 주어인 경우 정관사는 생략되지 않는다. 그러나 명사가 직접목적어로 사용되는 경우 보통 총칭적 용법에서는 생략되며 특정적 용법에서는 생략되지 않는다. 따라서 직접목적어에 정관사가 나타나면 특정적 용법으로 해석되는 경우가 많다.

El autobús pasa a las cinco. 그 버스는 다섯 시에 지나간다.
(x) Autobús pasa a las cinco.

Necesito leche, harina y huevos para el pastel.
나는 케이크를 위해 우유와 밀가루, 달걀이 필요하다.
Necesito la leche, la harina y los huevos para el pastel.
나는 케이크를 위해 그 우유와 그 밀가루, 그 달걀이 필요하다.

Ella busca ropa para la fiesta. 그녀는 파티를 위해 옷을 찾는다.
Ella busca la ropa para la fiesta. 그녀는 파티를 위해 그 옷을 찾는다.

¿Preparas comida para los invitados?
너는 손님들을 위해 음식을 준비하니?
¿Preparas la comida para los invitados?
너는 손님들을 위해 그 음식을 준비하니?

② 언어명칭에는 정관사가 붙는다. 그러나 언어명칭이 동사 hablar 바로 뒤로 올 경우 정관사가 생략된다. 언어명칭이 aprender, estudiar, enseñar, practicar 등의 뒤에 올 경우 정관사는 생략될 수도 있고 생략되지 않을 수도 있다. 하지만 이런 동사와 언어명칭 사이에 부사가 들어가면 정관사가 생략되지 않는 것이 일반적이다. 한편 언어명칭이 전치사 de, en의 보어가 될 경우 정관사가 생략되는 경우가 많다.

El coreano es mi lengua materna. 한국어가 내 모국어이다.
Ud. habla español muy bien. 당신을 스페인어를 아주 잘 한다.
Ellos hablan perfectamente el inglés. 그들은 영어를 완벽하게 한다.
Mi hermano es profesor de francés. 내 형은 프랑스어 선생님이다.
Hay varios cursos de español en esta universidad.
이 대학에는 스페인어 강좌가 여러 개 있다.
Hablan en inglés en esa clase. 그 수업에서는 영어로 말한다.
¿Dónde está la oficina del Departamento de Español?
스페인어과 사무실이 어디 있습니까?
Quiero aprender (el) chino durante las vacaciones.
나는 방학동안 중국어를 배우고 싶다.

③ profesor, doctor, presidente, señor, señora 등과 같이 직위나 존칭을 나타내는 명사에는 일반적으로 정관사가 붙지만, 이러한 명사가 그 대상을 부르는 호칭으로 사용될 때는 정관사가 생략된다.

La profesora exige mucho trabajo. 그 여선생님은 공부를 많이 시킨다.
Consulto al señor Jiménez sobre el viaje.
여행에 대해 히메네스씨에게 자문을 구한다.
La doctora Milanés es especialista en niños.
밀라네스 의사선생님은 어린이 전문이다.

Con permiso, señora Kim. 실례합니다, 김여사님.
Profesor, ¿puedo salir un momento? 교수님, 잠시 나가도 될까요?

2. 부정관사(Artículos indefinidos)

1) 부정관사의 형태

① 부정관사 역시 성, 수에 따라 다음과 같은 형태를 갖는다.

	단수	복수	예
남성	un	unos	un libro unos libros
여성	una	unas	una casa unas casas

② 강세있는 a, ha로 시작되는 여성 단수명사는 부정관사로 una가 아니라 un을 사용한다. 그러나 이런 명사가 복수가 되거나 이런 명사와 부정관사 사이에 다른 단어가 들어가면 una를 그대로 사용한다.

un agua 물 un hambre 배고픔 un alma 영혼 un ave 새
una dulce agua 민물 una limpia alma 깨끗한 영혼
unas aves 새 몇 마리 unas almas puras 순수한 영혼

Tengo un hambre terrible. 나는 굉장히 배가 고프다.
Hay unas aves en el jardín. 정원에 새 몇 마리가 있다.

2) 부정관사의 용법

① 부정관사는 정해지지 않은 대상, 즉 잘 알지 못하거나 별로 관심이 없는 대상을 지칭할 때 사용된다. 우리말로는 '어떤', '하나의' 등으로 해석된다.

Un hombre espera al médico. 어떤 남자가 의사를 기다린다.
Descansamos en una zona tranquila. 우리는 조용한 지역에서 쉰다.
Bebo un litro de agua al día. 나는 하루에 일 리터의 물을 마신다.

② 부정관사의 복수형 unos, unas는 '약간의', '몇몇의'의 의미를 갖는다. unos, unas가 숫자와 함께 쓰이면 '대략' (aproximadamente)의 의미를 갖는다.

Viajamos unos días por la ciudad. 우리는 몇 일간 그 도시를 여행한다.
¿Tomamos unas copas juntos? 우리 함께 몇 잔 할까?
Unos diez abrigos están en oferta en esta tienda.
약 열 벌의 외투가 이 상점에서 세일 중이다.

3) 부정관사의 생략

① 셀 수 있는 명사가 단수로 ser 동사의 보어가 되면 부정관사가 나타난다. 하지만 복수가 되면 보통 부정관사는 생략된다.

¿Qué es eso? 그게 뭐니? Es una revista. / Son revistas. 잡지야.
Es un juguete. / Son juguetes. 장난감이야.

② ser동사의 보어로 직업, 국적, 종교, 정치적 이념 등을 나타내는 명사가 나올 때는 부정관사가 생략된다. 그러나 이런 명사가 수식어를 가지면 부정관사가 나타난다.

Alfredo es pintor. 알프레도는 화가다.

Ellas son mexicanas. 그녀들은 멕시코인이다.

Él es católico, pero sus hijos son protestantes.

그는 가톨릭 신자이지만 그의 자식들은 개신교 신자이다.

María es socialista. 마리아는 사회주의자이다.

Alfredo es un pintor muy famoso. 알프레도는 아주 유명한 화가다.

Ellas son unas mexicanas divertidas.

그녀들은 재미있는 멕시코여자들이다.

Él es un católico que asiste a misa siempre.

그는 항상 미사에 참석하는 가톨릭 신자이다.

María es una socialista activa. 마리아는 활동적인 사회주의자이다.

cf. 위 ②와 같은 표현에서 명사 앞에 정관사가 나타나면 특정적 의미로 해석된다.

Alfredo es el pintor. 알프레도가 그 화가다.

Ella es la mexicana. 그녀가 그 멕시코여자이다.

Eugenio es el profesor de gramática. 에우헤니오가 그 문법 선생님이다.

3. Hay의 용법

① hay는 영어 '*there is/are*'에 해당하는 표현으로, '~에 ~가 있다'라는 '존재'의 의미를 가진다. 뒤에 나오는 명사가 우리말로는 주어처럼 해석되나, 이 명사의 수에 관계없이 항상 hay라는 형태로 쓰인다.

Hay un café caliente en la mesa. 탁자에 따뜻한 커피가 있다.

Hay mucha gente en la calle. 거리에 많은 사람들이 있다.

Hay tres mujeres en ese grupo. 그 그룹에는 세 명의 여자가 있다.

¿Hay una oficina de correos cerca de aquí? 이 근처에 우체국이 있나요?

Hay algunos estudiantes con problemas. 문제를 가진 학생이 몇 명 있다.
¿Qué hay en tu bolsa? Hay pan. 네 가방에 무엇이 있니? 빵이 있어.
¿Dónde hay un hotel barato? 값싼 호텔이 어디 있나요?

② **hay와 estar의 차이**: hay는 '존재'를 나타내는 반면, estar는 '위치'(~가 ~에 있다)를 나타낸다. 또한 hay의 경우에는 그 주체가 **'정해지지 않은' 대상**인 반면, estar는 일반적으로 그 주체가 **특정하게 정해진 대상**이다. 따라서 hay 뒤에 나오는 명사는 관사가 없거나 부정관사, 수사 등을 동반하며, estar의 주어는 정관사, 지시사, 소유사 등을 동반하거나 고유명사로 나타날 수 있다. 대화 중에 어떤 대상이 처음 언급될 때는 주로 hay를 사용하고, 이미 언급된 대상에 대해 말할 때는 주로 estar를 사용한다.

Hay un centro comercial aquí cerca. 이 근처에 쇼핑센터가 있다.
El centro comercial está aquí cerca. 그 쇼핑센터는 이 근처에 있다.

Hay una computadora en el estudio. 서재에 컴퓨터가 있다.
Mi computadora está en el estudio. 내 컴퓨터는 서재에 있다.

Hay cinco sillas en la sala. 거실에 다섯 개의 의자가 있다.
Están en la sala esas cinco sillas. 그 다섯 개의 의자는 거실에 있다.

Hay una joven dentro del auto. 차 안에 한 아가씨가 있다.
Marta está dentro del auto. 마르따는 차 안에 있다.

③ 'hay que 동사원형'은 '...해야 한다'는 의미를 갖는다.

Hay que hacer ejercicio todos los días. 날마다 운동을 해야 한다.
Hay que practicar la pronunciación. 발음을 연습해야 한다.
Hay que salir por la puerta correcta. 바른 문으로 나가야 한다.
¿Cómo hay que preparar la comida? 음식을 어떻게 준비해야 합니까?

연습 문제

(문제 1) 괄호 안에 적절한 정관사를 넣으시오. 단, 축약이 되는 경우는 축약된 형태를 쓰고, 생략되어야 할 경우는 'x'로 표시하시오.

1. (   ) casa es de una señora.
2. (   ) español es una lengua interesante.
3. Alfredo habla (   ) coreano muy bien.
4. (   ) agua caliente es para el té.
5. Escribo la carta en (   ) inglés.
6. (   ) Presidente Kim visita los Estados Unidos.
7. Mi hermana es pianista, pero no es (   ) pianista de la foto.
8. Hay (   ) estudiantes que esperan al profesor.
9. (   ) Señor Pérez, hay una visita para Ud.

(문제 2) 괄호 안에 estar와 hay 중 적절한 것을 골라 넣으시오. 단, 필요할 경우 형태 변화를 시키시오.

1. El hotel (   ) en la Calle de Cervantes.
2. En México (   ) muchos cursos de español para extranjeros.
3. ¿Dónde (   ) la oficina de correos en esta ciudad?
4. Perdón, ¿(   ) un hospital por aquí cerca?
5. (   ) pocas personas en la fiesta.

6. Los turistas (   ) en la Plaza Mayor.
7. (   ) varios cines en mi ciudad.
8. ¿(   ) Luis en tu casa?
9. En mi casa (   ) dos cuartos de baño.
10. (   ) mi abuelo en el hospital.

(문제 3) 다음을 스페인어로 옮기시오.

1. 그 자동차는 김 교수님의 것이다.
2. 그 수업시간에는 스페인어로 말해야 한다.
3. 어떤 학생이 영어선생님을 기다린다.
4. 그들은 빵과 물이 필요하다.
5. 그 집에는 정원이 있나요?
6. 그 은행은 쇼핑센터 가까이에 있어요.
7. 탁자에 무엇이 있니? 잡지가 몇 권 있어.
8. 그녀는 화가이지만 인기 화가는 아니다.
9. 이 도시에 호텔이 많나요? 저렴한 호텔들은 어디에 있나요?
10. 의사선생님, 제가 매일 운동을 해도 되나요?

Capítulo 5

형용사(Adjetivos)와 부사(Adverbios)

형용사는 명사를 수식하거나 서술하며, 그 명사와 성, 수 일치해야 한다. 부사는 동사나 형용사 또는 다른 부사를 수식하며, 형태 변화는 하지 않는다.

1. 형용사의 형태변화 : 형용사는 성, 수 형태변화를 한다.

el coche amarillo 노란색 차　　la blusa amarilla 노란블라우스
los coches amarillos 노란색 차들　　las blusas amarillas 노란색 블라우스들

1) 형용사의 성 변화형태

① -o로 끝나면 남성형이며, -a로 끝나면 여성형이다.

un chico guapo 멋진 소년　　una chica guapa 멋진 소녀
un camino estrecho 좁은 길　　una falda estrecha 통이 좁은 치마
un rostro bonito 예쁜 얼굴　　una casa bonita 예쁜 집
el asunto serio 심각한 일　　la situación seria 심각한 상황

② -o가 아닌 다른 어미로 끝나는 형용사는 대부분 남성형과 여성형이 동일하다.

un hombre alegre 쾌활한 사람 / una melodía alegre 즐거운 멜로디
un vestido elegante 우아한 드레스 / una mujer elegante 우아한 여자
un lugar popular 대중적인 장소 / una fiesta popular 대중적인 파티
el poema triste 슬픈 시 / la canción triste 슬픈 노래

③ 자음으로 끝나는 지명, 국명 형용사나 – ón, – án, – or로 끝나는 형용사는 어미에 – a를 더해 주면 여성형이 된다.

español – española 스페인의 / alemán – alemana 독일의
japonés – japonesa 일본의 / andaluz – andaluza 안달루시아의
juguetón – juguetona 장난기 있는 / hablador – habladora 말이 많은

el cliente japonés 일본인 고객 / la muñeca japonesa 일본 인형
un baile andaluz 안달루시아 춤
una tradición andaluza 안달루시아 전통
el gato juguetón 장난기 있는 고양이
la niña juguetona 장난기 있는 여자애

2) 형용사의 수 변화형태

① 모음으로 끝나는 형용사 단수형태에 – s를 붙여주면 복수형이 된다.

un árbol alto 키 큰 나무 / unos árboles altos 키 큰 나무들
la bebida caliente 따뜻한 음료 / las bebidas calientes 따뜻한 음료들

② 자음으로 끝나는 형용사 단수형태는 – es를 붙여주면 복수형이 된다.

un ejercicio difícil 어려운 연습문제
unos ejercicios difíciles 어려운 연습문제들
el pantalón gris 회색 바지 / los pantalones grises 회색 바지들

단, –z로 끝나는 형용사는 –z를 –c로 바꾸고 –es를 붙여준다.

una noticia feliz 행복한 소식 unas noticias felices 행복한 소식들

un plato andaluz 안달루시아 요리

unos platos andaluces 안달루시아 요리들

③ 형용사와 수식관계 혹은 서술관계에 있는 명사가 둘 이상이면서 남성과 여성이 섞여 있는 경우 형용사는 남성복수형태로 나타난다.

Ella y yo somos coreanos. 그녀와 나는 한국사람이다.

Necesito las servilletas y el mantel blancos.

나는 흰 냅킨과 흰 식탁보가 필요하다.

Los zapatos y la ropa usados son más baratos.

중고 구두와 의류는 더 저렴하다.

3) 형용사의 어미 탈락

① bueno(좋은), malo(나쁜), primero(첫 번째의), tercero(세 번째의), alguno(어떤), ninguno(어떤 –도 아닌) 등은 남성단수명사 앞에서 어미 –o가 탈락된다.

buen chico 좋은 소년 buena chica 좋은 소녀

mal tiempo 나쁜 날씨 mala noche 나쁜 저녁

primer piso 일층 primera fila 첫 줄

algún país 어떤 나라 alguna ciudad 어떤 도시

Eres un buen hombre. 너는 좋은 사람이다.

¿Conoces algún lugar interesante? 재미있는 곳을 아니?

Ella tiene mal carácter y es mala amiga.

그녀는 성격이 나쁘다. 나쁜 친구다.

No hay ningún problema en el trabajo. 그 일에는 아무 문제가 없다.

② grande(큰)는 남성 및 여성 단수명사 앞에서 –de가 탈락된다.

un gran soldado 훌륭한 군인　　una gran fiesta 훌륭한 파티

Su primo es un gran jugador de futbol.
그의 사촌은 훌륭한 축구선수이다.
Es una gran oportunidad para viajar. 여행하기 좋은 기회이다.

2. 형용사의 위치와 의미

① 형용사는 주로 명사 뒤에 위치하지만 그 순서가 바뀔 수도 있다. 형용사가 명사 뒤에 올 경우 그 형용사의 일반적, 객관적 의미를 나타내는 반면, 명사 앞에 위치하게 되면 주관적 의미를 나타내거나 그 명사의 고유한 속성을 강조하게 된다.

un hombre **grande** (몸집이) 큰 남자　　un **gran** hombre 위대한 남자
una mujer **pobre** 가난한 여자　　una **pobre** mujer 불쌍한 여자
una casa **nueva** 새로 지은 집　　una **nueva** casa 새로 구한 집
un amigo **viejo** 나이 많은 친구　　un **viejo** amigo 오래 사귄 친구

Voy a comprar una casa nueva. 새 집을 하나 살 것이다.
Esta nueva casa ya tiene veinte años.
(이사한) 이 새 집은 벌써 20년 된 것이다.
Mi viejo amigo me regala un coche muy viejo.
나의 오랜 친구가 내게 아주 낡은 자동차를 선물한다.

El amor es una dulce miel para el corazón.
사랑이 마음에는 달콤한 꿀이다.
La blanca nieve cubre todo el paisaje. 흰 눈이 온 풍경을 덮는다.
La oscura noche causa miedo a los niños.
어두운 밤이 아이들을 두렵게 한다.

② 동일한 형용사가 명사 앞에 나타나는지 혹은 뒤에 나타나는지에 따라 그 의미가 서로 달라지기도 한다.

información **cierta** 확실한 정보 　 **cierta** información 어떤 정보
culturas **diferentes** 다른 문화들 　 **diferentes** culturas 다양한 문화들
el presidente **mismo** 대통령 자신 　 el **mismo** presidente 동일한 대통령

En este país hay culturas diferentes. 이 나라에는 다른 문화가 있다.
Diferentes culturas conviven en España.
스페인에는 다양한 문화가 공존한다.
El Presidente mismo asiste a la reunión. 대통령 자신이 회의에 참석한다.
El mismo presidente gobierna el país desde hace diez años.
동일한 대통령이 십년 전부터 그 나라를 통치한다.

3. 나라 이름과 그 형용사

한국 Corea/ coreano, – a 　 남한 Corea del Sur/ surcoreano, – a
북한 Corea del Norte/ norcoreano, – a 　 스페인 España/ español, – la
중국 China/ chino, – a 　 일본 Japón/ japonés, – nesa
미국 Estados Unidos/ estadounidense 　 아시아 Ásia/ asiático, – a
라틴아메리카 América Latina/ latinoamericano, – a
중앙아메리카 América Central/ centroamericano, – a
남아메리카 América del Sur/ sudamericano, – a 혹은 suramericano, – a
북아메리카 América del Norte/ norteamericano, – a
유럽 Europa/ europeo, – a 　 아프리카 África/ africano, – a
멕시코 México/ mexicano, – a 　 과테말라 Guatemala/ guatemalteco, – a
엘살바도르 El Salvador/ salvadoreño, – a 　 페루 Perú/ peruano, – a
도미니카 República Dominicana/ dominicano, – a 　 쿠바 Cuba/ cubano, – a
파나마 Panamá/ panameño, – a 　 콜롬비아 Colombia/ colombiano, – a
베네수엘라 Venezuela/ venezolano, – a 　 에콰도르 Ecuador/ ecuatoriano, – a

온두라스 Honduras/ hondureño, – a 니카라과 Nicaragua/ nicaragüense

볼리비아 Bolivia/ boliviano, – a 파라과이 Paraguay/ paraguayo, – a

우루과이 Uruguay/ uruguayo, – a 아르헨티나 Argentina/ argentino, – a

칠레 Chile/ chileno, – a 브라질 Brasil/ brasileño, – a

코스타리까 Costa Rica/ costarricense, costarriqueño, – a

이탈리아 Italia/ italiano, – a 캐나다 Canadá / canadiense

영국 Inglaterra/ inglés, –lesa 프랑스 Francia/ francés, –cesa

독일 Alemania/ alemán, –mana 포르투갈 Portugal/portugués, –guesa

4. 부사의 형태

1) 부사는 muy, bien, mal, mucho, poco, bastante 등과 같이 원래부터 부사인 것과 fácilmente, rápidamente, normalmente, tranquilamente 등과 같이 형용사에 '– mente'를 붙여 파생시키는 것으로 나눌 수 있다. 부사의 위치는, 보통 형용사나 다른 부사를 수식하는 부사는 그 앞에, 동사를 수식하는 부사는 그 뒤에 위치한다.

Cantas muy bien. 너는 아주 노래를 잘 한다.

El edificio es muy alto. 그 건물은 아주 높다.

Trabaja mucho estos días. 요즘 열심히 일한다.

Pasa la vida tranquilamente. 평온하게 인생을 보낸다.

Caminan rápidamente para llegar a tiempo.

제때에 도착하려고 빨리 걷는다.

Normalmente hago ejercicio dos horas diarias.

나는 보통 하루 두 시간씩 운동을 한다.

2) 파생 부사 만드는 방법: 형용사에 – mente를 붙여 만든다.

① 형용사 어미가 성에 따라 – o와 – a로 구분되는 경우, 여성형 – a 뒤에 – mente를 붙인다. 이런 부사가 두 개 이상 붙어 나오면 – mente는 가장 뒤의 형용사에만 붙이고 그 앞의 형용사는 모두 여성형 – a로 바꾼다.

atento – atentamente 주의 깊게　　claro – claramente 분명하게
correcto – correctamente 정확하게　　loco – locamente 미친 듯이

Él escucha atentamente. 그는 주의 깊게 듣는다.
Presento el resumen clara y correctamente.
명확하고 정확하게 요약문을 제시한다.

② 남성과 여성의 구분이 없는 형용사는 어미에 – mente를 붙여 부사를 만든다. 이런 부사도 두 개 이상 붙어 나오면 가장 뒤의 형용사에만 – mente를 붙인다.

feliz – felizmente 행복하게　　alegre – alegremente 즐겁게
evidente – evidentemente 분명하게
firme – firmemente 확실하게, 단호하게

Ella camina felizmente. 그녀는 행복하게 걷는다.
Hay que explicar las cosas evidente y firmemente.
일을 분명하고 확실하게 설명해야 한다.

연습 문제

(문제 1) 주어진 형용사를 적절하게 형태변화 시키시오.

1. nuevo	el coche ( )	los coches ( )
	la casa ( )	las casas ( )
2. fácil	el examen ( )	los exámenes ( )
	la pregunta ( )	las preguntas ( )
3. japonés	un joven ( )	unos jóvenes ( )
	una joven ( )	unas jóvenes ( )
4. catalán	un paisaje ( )	unos pueblos ( )
	una cultura ( )	unas ciudades ( )
5. alguno	( ) muchacho	( ) niños
	( ) señora	( ) señoritas

(문제 2) 괄호 안의 형용사를 적절하게 형태변화 시키시오.

1. La joven es (guapo).
2. Esta semana tengo unos exámenes muy (difícil).
3. Son (viejo) las casas del pueblo.
4. Todos son españoles, excepto una chica; ella es (francés).
5. Hablan mucho de las canciones (latinoamericano).
6. Sus pantalones y sus faldas son (blanco).
7. Hace (bueno) tiempo hoy.

8. La familia desea vivir en una (grande) ciudad.
9. Ellos son muy (juguetón), pero no son (malo) muchachos.
10. Es un estudiante de (primero) año de la universidad.

(문제 3) 괄호 안의 표현들 중 문맥에 맞는 적절한 것을 고르시오.

1. Él no tiene familia; es un (pobre muchacho, muchacho pobre).
   Ella no puede pagar el dinero; es una (pobre mujer, mujer pobre).
2. Es una (cierta noticia, noticia cierta); hay que creerla.
   (Cierta persona, Una persona cierta) va a venir para ayudarnos.
3. El (viejo perro, perro viejo) ya tiene ocho años y no puede correr.
   Mi (viejo amigo, amigo viejo) va a casarse con mi hermana.
4. Por fin ella gana el Premio Nobel; es una (gran mujer, mujer grande).
   Él es un (gran hombre, hombre grande); mide 1,98m y pesa 120kg.
5. Aquí te presento a mis (nuevos amigos, amigos nuevos).
   La empresa de automóviles presenta un (nuevo modelo, modelo nuevo) esta semana.

(문제 4) 다음을 스페인어로 옮기시오.

1. 요즘 나는 스페인어를 열심히 공부한다.
2. 그 불쌍한 아이는 중국식당에서 일한다.
3. 그녀는 노란 바지와 흰 블라우스가 필요하다.
4. 나는 춤을 빨리 배운다.
5. 그는 성격이 좋다. 우리는 그 문제에 대해 그와 이야기 할 수 있다.
6. 그 가난한 남자는 중고차 한대를 가지고 있다.
7. 나는 새로 집을 하나 사려고 한다. 그 집은 10년이 된 집이다.
8. 그녀의 애인은 훌륭한 축구선수이다. 그들은 내일 함께 영화관에 간다.

Capítulo 6

수사(Numerales)

수를 세는 데는 기수(Cardinales)를 사용하고, 순서를 나타내는 데는 서수(Ordinales)를 사용한다.

El edificio tiene seis pisos. 그 건물은 6층이다.
Tengo diecinueve años. 나는 열아홉 살이다.

El aula está en el tercer piso. 강의실은 3층에 있다.
Mi asiento está en la séptima fila. 내 좌석은 일곱째 줄에 있다.

1. 기수(Números cardinales)

0	cero	10	diez	20	veinte	30	treinta	200	doscientos
1	uno	11	once	21	veintiuno	40	cuarenta	300	trescientos
2	dos	12	doce	22	veintidós	50	cincuenta	400	cuatrocientos
3	tres	13	trece	23	veintitrés	60	sesenta	500	quinientos
4	cuatro	14	catorce	24	veinticuatro	70	setenta	600	seiscientos
5	cinco	15	quince	25	veinticinco	80	ochenta	700	setecientos
6	seis	16	dieciséis	26	veintiséis	90	noventa	800	ochocientos
7	siete	17	diecisiete	27	veintisiete	100	cien(to)	900	novecientos
8	ocho	18	dieciocho	28	veintiocho	101	ciento uno	1.000	mil
9	nueve	19	diecinueve	29	veintinueve	112	ciento doce	10.000	diez mil

① 0부터 15까지는 독립적인 형태를 가진다. uno는 남성명사 앞에서 un으로 바뀌며, 여성형은 una이다.

un niño 남자아이 한 명 una niña 여자아이 한 명

En mi familia, somos cuatro. 내 가족은 네 명이다.
Trabajo seis días y descanso un día. 6일 동안 일하고 하루 쉰다.
Solo doce estudiantes pasan el examen.
열 두 명의 학생만이 시험에 합격한다.

Esta habitación mide 6m de largo. 이 방은 길이가 6미터이다.
La mesa tiene 1m de ancho. 탁자는 넓이가 1미터이다.
La torre de la iglesia mide 15m de alto. 교회 탑은 높이가 15미터이다.

② 16 이상의 두 자리 수는 십 단위와 일 단위를 접속사 y로 연결시켜 만든다. 하지만 16에서 29까지는 두 단위를 붙이고 중간에 i를 넣어 만든다. 이 때 붙여 쓴 숫자는 강세가 일 단위에 오도록 한다.

diecisiete(diez y siete), veintidós(veinte y dos), veintitrés
veinticinco, veintiséis, treinta y dos, cuarenta y cuatro,
cincuenta y seis, sesenta y ocho, noventa y nueve, ...

veintiún años 21년 veintiuna horas 21 시간
cuarenta y un vecinos 41명의 이웃사람
cuarenta y una personas 41명의 사람

Cumplo dieciocho años mañana. 내일 열여덟 살이 된다.
En el edificio viven cincuenta familias. 그 건물에는 50 가구가 산다.
Buscan treinta y un empleados temporales para la empresa.
그 회사에서 일할 31명의 임시 고용자를 구한다.
¿Cuánto mides y pesas? Mido 1,75m y peso 60kg.
키와 몸무게가 얼마니? 키는 일 미터 칠십오이고 몸무게는 육십 킬로야.

③ ciento(100)는 뒤에 자신보다 작은 수가 올 경우에 사용되며, 그 밖의 경우, 즉 뒤에 자신보다 더 큰 숫자가 오거나 명사가 올 때 그리고 독립적으로 쓰일 때는 cien으로 바뀐다. cien과 ciento는 성, 수 변화를 하지 않는다.

ciento veinte casas 120채의 집

cien días 100일 cien mil wones 10만원

Leo ciento cincuenta páginas. 150 페이지를 읽는다.

En total, somos ciento quince estudiantes. 우리는 총 115명의 학생들이다.

¿Cuántos compañeros hay en la clase? Hay cien.

반에 몇 명의 급우가 있나요? 백 명이요.

Vivo a unos cien pasos desde el centro. 시내에서 백 보 거리에 산다.

④ 200에서 999까지의 숫자 중 백단위는 수식을 받는 명사와 성, 수 일치해야 한다. quinientos(500), setecientos(700), novecientos(900)는 불규칙한 형태이다.

trescientos libros 삼백권의 책 trescientas hojas 삼백 장

quinientos un pájaros 501 마리의 새

quinientas una casas 501 채의 집

ochocientas noventa y cinco palabras 895개의 단어

Memorizo trescientas palabras importantes de español.

중요한 스페인어 어휘를 삼백 개 외운다.

Cumplimos quinientos días de novios. 우리는 사귄지 오백 일 됐다.

Tengo doscientas cincuenta y tres fotos en mi álbum.

나는 앨범에 253장의 사진을 가지고 있다.

⑤ mil(1,000)은 성, 수 변화를 하지 않는다.[5]

---

5) 천 단위를 표시할 때, 우리나라에서는 coma(,)를 사용하지만 스페인어권에서는 일반적으로 punto(.)를 사용한다. 반대로 소수점은 스페인어권에서는 coma(,)를 사용한다.

1,000 mil　1,001 mil uno　1,100 mil cien　1,200 mil doscientos

6,572 seis mil quinientos setenta y dos　10,000 diez mil

13,000 trece mil　100,000 cien mil　900,000 novecientos mil

234,567 doscientos treinta y cuatro mil quinientos sesenta y siete

65만 명의 사람들 seiscientas cincuenta mil personas

Mi pueblo tiene mil doscientos habitantes.
내 마을에는 천이백 명의 주민이 있다.

Saco treinta mil wones del cajero automático.
자동현금인출기에서 삼만 원을 인출한다.

Corea tiene más de cinco mil años de historia.
한국은 오천 년이 넘는 역사를 가지고 있다.

Cada año unos dos mil estudiantes entran a esta universidad.
해마다 약 이천 명의 학생들이 이 대학에 입학한다.

⑥ 1,000,000은 un millón이다. millón은 수 변화를 하며, 명사 바로 앞에 올 경우 전치사 de가 나타난다.

1,000,000 un millón　10,000,000 diez millones

23,000,000 veintitrés millones　100,000,000 cien millones

12,304,586,711 doce billones trescientos cuatro millones quinientos ochenta y seis mil setecientos once
(doce mil trescientos cuatro millones quinientos ochenta y seis mil setecientos once)

un millón de pesos 백만 뻬소　dos millones de pesos 이백만 뻬소

un millón doscientos mil pesos 백이십만 뻬소

Necesito cinco millones de wones para viajar.
여행하기 위해 오백만 원이 필요하다.

Paga trescientos cincuenta millones por su casa.
집값으로 삼억 오천만 원을 지불한다.
Una computadora vale uno o dos millones.
컴퓨터 한 대는 백만원 혹은 이백만원 정도 한다.
El sueldo es de tres millones. 봉급은 삼백만원이다.

⑦ 사칙연산, 소수, 분수 읽기

3 + 6 = 9 Tres más seis son nueve.
10 – 3 = 7 Diez menos tres son siete.
4 × 5 = 20 Cuatro por cinco son veinte.
8 ÷ 8 = 1 Ocho dividido por ocho es uno.
Ocho entre ocho es uno. (결과가 0 이나 1 이면 단수 es)

12,54 doce coma cincuenta y cuatro (doce con cincuenta y cuatro)
2,16% dos coma dieciséis por ciento (dos con dieciséis por ciento)

1/2 un medio (la mitad)
1/3 un tercio (una tercera parte)
1/4 un cuarto (una cuarta parte)
1/5 un quinto (una quinta parte)
1/10 un décimo (una décima parte)
2/3 dos tercios (dos terceras partes)
2¾ dos y tres cuartos (dos y tres cuartas partes)

2. 서수(Números ordinales)

1°	primero	2°	segundo	3°	tercero	4°	cuarto	5°	quinto
6°	sexto	7°	séptimo	8°	octavo	9°	noveno	10°	décimo

① 주로 첫 번째에서 열 번째까지는 서수를 사용하며, 나머지는 기수로 대신해 쓰는 경향이 있다. 하지만 전부 기수로 쓰기도 한다. 기수가 서수 대신 쓰일 경우 명사의 뒤에 위치하며, 숫자도 로마숫자(I, II, III, IV, ...)로 표기하는 경우가 많다.

Viaja en primera clase. 일등석으로 여행한다.
Es mi segundo año en esta escuela. 이 학교에서 두 번째 해이다.
Trabajo en el tercer piso, pero la oficina está en el piso quince.
나는 3층에서 일하는데 사무실은 15층에 있다.

El quinto capítulo/El capítulo cinco trata de la música latina.
제 5장은 라틴 음악을 다룬다.
Espero en la séptima sala/en la sala siete. 일곱 번째 방에서 기다린다.

② 서수는 형용사이므로 수식하는 명사와 성, 수 일치하며, 주로 그 명사의 앞에 위치한다. 하지만 왕의 이름에 서수가 붙는 경우는 그 뒤에 위치한다. 세기(siglo)를 표현할 때는 기수를 쓴다.

el segundo acto 제 2막   la cuarta lección 제 4과
Alfonso X (Alfonso Décimo) 알폰소 10세
Isabel II (Isabel Segunda) 이사벨 2세
siglo 21 (siglo veintiuno) 21세기

La segunda fila del teatro está ocupada. 극장의 두 번째 줄이 다 찼다.
Gana el tercer lugar del torneo. 토너먼트 경기에서 삼등을 차지한다.
El siglo dieciocho se llama Siglo de las Luces.
18세기는 계몽주의 세기로 불린다.
El templo es del siglo ocho. 그 사원은 8세기의 것이다.

3. 시간 표현

① 시간은 'ser + 여성 정관사 + 숫자(시간)'로 표현한다. 1시는 단수로 하고, 다른 시간들은 복수로 한다.

Es la una. 한 시입니다. Son las tres. 세 시입니다.
Son las diez en punto. 열 시 정각이다.

¿Qué hora es? 몇 시입니까? Son las ocho. 8시입니다.

② 시와 분은 접속사 y로 연결한다. 15분은 cuarto, 30분은 media를 주로 쓴다.

Son las dos y cinco. 2시 5분이다.
Son las cuatro (y) treinta y cinco. 4시 35분이다.
Son las cinco y cuarto. 5시 15분이다.
Son las nueve y media. 9시 반이다.

③ '오전 (몇 시), 오후 (몇 시)' 등은 de la mañana, de la tarde, de la noche로 표현한다. 단순히 '오전에, 오후에' 라고 할 때는 en/por la mañana, en/por la tarde로 표현한다.

Son las seis de la tarde. 오후 6시다.
Son las once y cuarto de la noche. 밤 11시 15분이다.
El banco abre a las nueve y media de la mañana.
은행은 오전 9시 반에 연다.

El fin de semana trabajo cinco horas en la mañana.
주말에는 오전에 다섯 시간 일합니다.
No hay mucho trabajo por la tarde. 오후에는 일이 많지 않습니다.

④ '–분 전이다'는 스페인에서는 주로 menos를 사용하고, 중남미에서는 'ser/ faltar – para'라는 표현을 선호한다.

Son las cinco menos diez. 5시 10분전이다.
Son las ocho menos cuarto. 8시 15분전이다.

Son/ Faltan diez para las cinco. 5시 10분전이다.
Es/ Falta un cuarto para las ocho. 8시 15분전이다.

⑤ '– 시에'에는 전치사 a가 나타난다.

La entrevista inicia a las nueve. 면접은 9시에 시작한다.
La luna sale a las siete de la noche. 달은 저녁 7시에 뜬다.
La boda es a la una de la tarde. 결혼식은 오후 한 시입니다.
¿A qué hora llega tu hermano? 네 형은 몇 시에 도착하니?

⑥ 정오와 자정은 아래와 같이 표현한다.

Es mediodía. 정오다. Son las doce del día. 낮 열두 시다.
Es medianoche. 자정이다. Son las doce de la noche. 밤 열두 시다.

4. 날짜, 요일, 월, 계절

요일	lunes 월	martes 화	miércoles 수	jueves 목
	viernes 금	sábado 토	domingo 일	
월	enero 1월	febrero 2월	marzo 3월	abril 4월
	mayo 5월	junio 6월	julio 7월	agosto 8월
	septiembre 9월	octubre 10월	noviembre 11월	diciembre 12월
계절	primavera 봄	verano 여름	otoño 가을	invierno 겨울

① 날짜를 묻고 답하는 표현은 다음과 같다.

¿Qué fecha es hoy? ¿Cuál es la fecha de hoy? 오늘은 며칠인가요?
Es catorce de abril. 4월 14일입니다.
Hoy es veinticuatro de junio. 오늘은 6월 24일이다.

날짜는 1일을 제외하고는 기수를 쓴다. '~일에'는 전치사 없이 '남성 정관사 단수형 + 날짜'로 표현한다. 년, 월, 일 표현은 일-월-년의 순서로 하며, 일과 월 사이, 월과 년 사이에는 전치사 de가 들어간다. 요일은 날짜 앞에 표시한다.

Creo que sus primos llegan el primero de marzo.
그의 사촌들이 3월 1일에 도착한다고 생각한다.
El examen es el veintiuno de junio. 시험은 6월 21일이다.
Nací el 8 de agosto de 2003. 나는 2003년 8월 8일생이다.
Mi fecha de nacimiento es el treinta de abril de mil novecientos ochenta y seis.
내 생년월일은 1986년 4월 30일이다.
Era lunes, 17 de mayo de 1980. 1980년 5월 17일 월요일이었다.

② 요일을 묻고 답하는 표현은 다음과 같다.6)

¿Qué día (de la semana) es hoy? 오늘은 무슨 요일인가요?
Hoy es miércoles. 수요일입니다.

'~요일에'는 전치사 없이 '남성 정관사 단수형 + 요일'로 표현하고, 복수가 되면 '~요일마다'의 의미가 된다.

Partimos el jueves a Japón. 목요일에 일본으로 떠난다.

---

6) ¿Qué día es? 는 날짜와 요일, 특정일을 묻는 데 모두 쓰이기도 한다.
¿Qué día es hoy? Hoy es jueves, 25 de abril.
Hoy es 25 de abril.
¿Qué día es mañana? Mañana es el Día del Niño.

Tengo un examen el martes. 화요일에 시험이 하나 있다.
Los sábados trabajo en mi casa. 매주 토요일에는 집에서 일한다.

③ 계절, 월, 연도를 묻고 답하는 표현은 다음과 같다.

¿En qué estación estamos? Estamos en primavera.
(지금이) 무슨 계절인가요? 봄입니다.
¿En qué mes estamos? Estamos en mayo.
(지금이) 몇 월인가요? 오월입니다.
¿En qué año estamos? Estamos en 2023.
(지금이) 몇 년인가요? 2023년입니다.

'~월에'와 '~계절에'에는 전치사 en이 나타난다. 계절은 주어나 목적어로 쓰이면 정관사를 붙이고, 전치사 뒤에 나타나면 정관사를 붙이지 않는다. 월은 주어, 목적어로 쓰이든, 전치사 뒤에 나타나든 정관사를 붙이지 않는다.

Espero la primavera porque es mi estación favorita.
봄을 기다린다. 왜냐하면 내가 가장 좋아하는 계절이니까.
En otoño los árboles cambian de color. 가을에는 나무들 색깔이 바뀐다.
El invierno empieza en diciembre. 겨울은 12월에 시작된다.
Enero es el primer mes del año. 1월은 1년 중 첫 번째 달이다.
En los Estados Unidos el semestre empieza en septiembre.
미국에서는 학기가 9월에 시작한다.

④ '초순, 중순, 하순'은 각각 a principios de, a mediados de, a finales (fines) de 등으로 표현한다.

A fines de junio regreso a mi casa. 6월 하순에 집에 돌아온다.
A principios de semana planeo mis gastos. 주 초에 지출을 계획한다.
Recibo el primer salario a mediados de octubre.
10월 중순에 첫 봉급을 받는다.

No sé qué hacer y ya estamos a mediados de año.
난 뭘 해야 할지 모르겠는데 벌써 올 해의 중반이다.

연습 문제

(문제 1) 괄호 안의 숫자 표현을 스페인어로 읽으시오.

1. Mi padre tiene (59) años.
2. Tengo (21) compañeros y (21) compañeras en la clase.
3. Un año es de (365) días.
4. Cristóbal Colón descubre América en (1492).
5. Un día tiene (86,400) segundos.
6. Hay (13,000.000) habitantes en Seúl.
7. Hoy estudiamos la (7^a) lección.
8. El capítulo (5) del libro trata de la historia del país.
9. Vivo en el (4°) piso pero ella vive en el piso (12).
10. (21-2-2022) es la fiesta de graduación.
11. Mi número de teléfono es el (052) 259 2555.
12. Eso ocurrió en el siglo (7).
13. Carlos (V) fue el rey de España en el siglo (16).
14. ¿Qué hora es? Son las (10:15) de la mañana.
15. El tren llega a las (7:55).

(문제 2) 다음을 스페인어로 옮기시오.

1. 지금이 몇 시야? 오전 9시 30분이야.
2. 내일이 며칠이니? 4월 15일이야.
3. 우리는 21세기에 살고 있다.
4. 내 아들은 3개월 되었다.
5. 그 도시의 인구는 80만이다.
6. 그의 생년월일은 1977년 11월 25일이다.
7. 그 파티는 몇 시에 시작하니? 밤 10시 정각에 시작해서 자정에 끝나.
8. 이번 학기가 언제 끝나지? 6월말에 끝나고 방학이 시작되지.
9. 무슨 요일에 스페인으로 떠나니? 다음 주 화요일에 떠나.
10. 그 건물은 10층짜리인데, 내 사무실은 7층에 있다.
11. 그 회사에는 151명의 종업원이 일한다.

Capítulo 7

지시사와 소유사

지시사와 소유사는 명사를 수식할 수도 있고(형용사적 기능), 명사를 대신할 수도 있다(대명사적 기능). 지시사와 소유사는 그 명사와 성, 수 일치해야 한다.

지시형용사: **Este asiento** es muy cómodo. 이 좌석은 아주 편안하다.
지시대명사: **Ese** es incómodo. 그것은 불편하다.

소유형용사: **Mi casa** es moderna. 내 집은 현대적이다.
소유대명사: **La tuya** es antigua. 너의 것은 오래되었다.

1. 지시사(Demostrativos)

지시사는 공간적, 시간적으로 화자(hablante)에게서 가까이 있는 것을 지시하는지 혹은 청자(oyente)에게서 가까이 있는 것을 지시하는지에 따라 세 가지로 나뉜다.

1) 지시형용사(Adjetivos demostrativos)

① 화자에게서 가까이 있는 것을 지시하는 경우 (한국어의 '이'에 해당)

	단수	복수
남성	este	estos
여성	esta	estas

Necesito este bolígrafo para el examen. 시험을 위해 이 볼펜이 필요하다.

Esta ley no es justa. 이 법은 공정하지 않다.

Guarda la ropa en estas bolsas. 이 가방에 옷을 보관한다.

Estos días comemos sopa caliente. 우리는 요즘 따뜻한 국물을 먹는다.

② 청자에게서 가까이 있는 것을 지시하는 경우 (한국어의 '그'에 해당)

	단수	복수
남성	ese	esos
여성	esa	esas

Esos policias buscan al ladrón. 그 경찰관들이 도둑을 찾는다.

Debo tomar ese autobús. 나는 그 버스를 타야 한다.

¿Qué es ese ruido? 그 소음은 뭐니?

En esa fecha voy a la playa. 그 날 나는 해변에 간다.

③ 화자, 청자 모두에게서 떨어져 있는 것을 지시하는 경우 (한국어의 '저'에 해당)

	단수	복수
남성	aquel	aquellos
여성	aquella	aquellas

Aquellas maletas están vacías. 저 가방들은 비어 있다.

Aquella clase parece fácil. 저 수업은 쉬워 보인다.

Vamos a aquel sofá para descansar. 저 소파에 쉬러 가자.

Aquellos días de juventud son inolvidables.
젊은 시절의 그 날들은 잊을 수가 없다.

2) **지시대명사(Pronombres demostrativos)**: 지시형용사와 형태가 동일하다. 지시형용사와는 달리 중성이 있다.

① 화자에게서 가까이 있는 것을 지시하는 경우 (한국어의 '이것'에 해당)

	단수	복수
남성	este	estos
여성	esta	estas
중성	esto	–

Este es el pasaporte de Ana. 이것은 아나의 여권이다.

Su mesa está sucia, por eso escribo en esta.

당신의 책상이 지저분해서 나는 이 책상에서 글을 씁니다.

Aquellas joyas son falsas, ¿qué te parecen estas?

저 보석들은 가짜야. 이것들은 어때?

No comprendo esto. 나는 이것을 이해 못하겠다.

② 청자에게서 가까이 있는 것을 지시하는 경우 (한국어의 '그것'에 해당)

	단수	복수
남성	ese	esos
여성	esa	esas
중성	eso	–

Esa es una blusa muy bonita. 그것은 아주 예쁜 블라우스야.

Mira, estas flores están secas. Quiero esas.

봐, 이 꽃들은 말랐어. 그것들을 원해.

¿Tu coche es ese? 네 차가 그거야?

Eso no es correcto. 그것은 옳지 않아.

③ 화자, 청자에게서 떨어져 있는 것을 지시하는 경우 (한국어의 '저것'에 해당)

	단수	복수
남성	aquel	aquellos
여성	aquella	aquellas
중성	aquello	

Aquella es su hermana. 저 여자가 그의 여동생이다.
Yo soy aquel de la foto. 내가 사진의 그 사람이다.
Quiero estos bolígrafos, esos y aquellos.
나는 이 볼펜들과 그것들, 저것들을 원합니다.
No me gusta aquello. 난 저것이 마음에 들지 않는다.

④ 지시형용사와는 달리 지시대명사에는 중성이 있다. 중성 지시대명사는 어떤 사실이나 상황, 행위 등을 지시할 때 혹은 잘 알지 못하는 대상(반드시 무생물)을 가리킬 때 사용한다. 지시대명사 중성은 복수형이 없다.

Eso no es verdad. 그건 사실이 아닙니다.
¡No importa eso! 그건 중요하지 않아.
Todo aquello es increíble. 그 모든 것이 믿기지 않습니다.
Esto es todo. 이것이 전부입니다.
¿Aquello parece un animal o una roca?
저게 동물로 보이니 바위로 보이니?

2. 소유사(Posesivos)

1) 소유형용사(Adjetivos posesivos):

소유형용사는 수식받는 명사 앞에 위치하는 전치형과 뒤에 위치하는 후치형이 있다. 전치형이 사용되는 경우가 많다.

① 소유형용사의 형태

	전치형 소유형용사	후치형 소유형용사
1인칭 단수	mi, –s	mío, –a/–os/–as
2인칭 단수	tu, –s	tuyo, –a/–os/–as
3인칭 단수	su, –s	suyo, –a/–os/–as
1인칭 복수	nuestro, –a/–os/–as	nuestro, –a/–os/–as
2인칭 복수	vuestro, –a/–os/–as	vuestro, –a/–os/–as
3인칭 복수	su, –s	suyo, –a/–os/–as

El chico es mi amigo. 그 소년은 내 친구이다.
Tu sonrisa es sincera. 네 미소는 진실되다.
Su disco duro puede archivar muchos datos.
그의 하드디스크는 많은 자료를 저장할 수 있다.
Dicen que nuestra ropa está de moda. 우리 옷이 유행이라고들 한다.
En mi pueblo natal hay gente muy amable.
내 고향에는 아주 친절한 사람들이 있다.

Un amigo mío vive en Bolivia. 내 친구 하나가 Bolivia에 산다.
Llega un invitado suyo. 당신 손님 한 분이 도착하네요.
Unos estudiantes nuestros reciben mala nota.
우리 학생 몇 명이 나쁜 성적을 받는다.

② 소유형용사의 성, 수 일치: 소유형용사의 성, 수는 명사, 즉 피소유물의 성, 수에 따라 정해진다.

los libros de Marisa: sus libros (그녀의 책들)
(Marisa의 책들) (x)su libros
(x)su libro

la computadora de los alumnos: su computadora (그들의 컴퓨터)
(학생들의 컴퓨터) (x)sus computadora
(x)sus computadoras

③ 소유형용사 표현의 풀어쓰기: 3인칭 소유형용사 su는 6가지 의미(그의, 그녀의, 당신의, 그들의, 그녀들의, 당신들의)를 가지므로 상황에 따라 혼란을 가져올 수 있다. 이런 경우에는 소유형용사를 사용하지 않고 다음과 같이 전치사 de를 사용하여 풀어씀으로써 혼란을 피할 수 있다.

su coche – el coche de él, el coche de ella, el coche de Uds. ...
(x)su coche de él

Hoy no trabaja Isabel. Su madre está enferma.
이사벨은 오늘 근무하지 않습니다. 그녀의 어머니가 아프시거든요.
Estoy con el muchacho. Sus padres viajan al extranjero.
나는 그 아이와 같이 있어. 그의 부모님이 외국 여행을 가셨거든.

Paty y Pancho quieren casarse, pero sus padres no lo permiten.
Paty y Pancho quieren casarse, pero los padres de él no lo permiten.
빠띠와 빤쵸는 결혼하고 싶어 하지만, 그의 부모님이 허락하지 않으신다.
Ceno con mi primo y Eva, y pagamos con la tarjeta de él.
나는 내 사촌과 에바와 함께 저녁식사를 하고 돈은 그의 카드로 지불한다.

2) 소유대명사(Pronombres posesivos): 소유대명사는 '정관사 + 후치형 소유형용사' 형태이다.

① 소유대명사의 형태

	소유대명사
1인칭 단수	el mío, la mía, los míos, las mías
2인칭 단수	el tuyo, la tuya, los tuyos, las tuyas
3인칭 단수	el suyo, la suya, los suyos, las suyas
1인칭 복수	el nuestro, la nuestra, los nuestros, las nuestras
2인칭 복수	el vuestro, la vuestra, los vuestros, las vuestras
3인칭 복수	el suyo, la suya, los suyos, las suyas

Mi trabajo es fácil, y ¿el tuyo? 내 일은 쉬운데, 네 일은 어떠니?

La casa es cómoda, la nuestra, también.

그 집은 편안하다. 우리 집도 그렇다.

Mi abuela visita a la suya. 내 할머니가 그의 할머니를 방문하신다.

Sus ideas son más claras que las mías.

당신의 생각이 나의 것보다 더 명확하네요.

② 소유대명사의 성, 수 일치: 소유대명사의 성, 수도 명사, 즉 피소유물의 성, 수에 따라 정해진다.

los libros de Marisa: los suyos (x)los suya (x)la suya

la computadora de los alumnos: la suya (x)la suyos (x)los suyos

③ 소유대명사의 풀어쓰기: 소유대명사 역시 3인칭인 경우 6가지 의미(그의 것, 그녀의 것, 당신의 것, 그들의 것, 그녀들의 것, 당신들의 것)를 가지므로, 혼란을 피하기 위해 전치사 de를 사용하여 풀어쓸 수 있다.

el suyo – el de él, el de ella, el de Ud., el de ellos ...

Él quiere viajar en mi coche. Mi coche es nuevo y el suyo es viejo.

그는 내 차로 여행하고 싶어한다. 내 차는 새 것이고 그의 것은 낡았다.

Tu canción es alegre, pero la suya es triste.

Tu canción es alegre, pero la de ella es triste.

네 노래는 즐겁지만 그녀의 것은 슬프다.

④ 소유대명사에서의 정관사 생략: 소유대명사가 ser동사 뒤에 와 소유관계를 나타내면 정관사가 생략된다.

¿De quién es el teléfono celular? Es suyo.

그 핸드폰은 누구의 것입니까? 그의 것입니다.

¿De quién es esta ropa? No sé, no es mía.

이 옷은 누구의 것입니까? 모르겠습니다. 내 것은 아닙니다.

Ese problema no es mío, es nuestro.

그 문제는 내 것이 아니라 우리들의 것입니다.

연습 문제

(문제 1) 보기에서와 같이 밑줄 친 부분을 지시대명사로 바꾸시오.

<보기> ¿Este libro es interesante? Sí, este es interesante.
No, este no es interesante.

1. ¿Esa naranja es dulce? Sí, _______ es dulce.
2. ¿Estos ejercicios son fáciles? No, ________ no son fáciles.
3. ¿Esa sopa está caliente? Sí, ________ está caliente.
4. ¿Aquellas montañas están muy lejos? No, ________ no están muy lejos.
5. ¿Estas leyes son justas? Sí, ________ son justas.
6. ¿Esos bolígrafos escriben bien? Sí, ________ escriben bien.
7. ¿Este paquete pesa mucho? No, ________ no pesa mucho.
8. ¿Te gusta aquella cafetería? No, no me gusta ________.

(문제 2) 보기에서와 같이 밑줄 친 부분을 바꾸시오.

<보기> Esta es mi casa. → Esta casa es mía.

1. Este es mi abrigo.
2. Ese es su postre.
3. Aquellas son nuestras patatas fritas.

4. Estos son tus zapatos.

5. Esas son mis tarjetas.

6. Este es su pasaporte.

7. Aquel es tu paraguas.

8. Esa es nuestra computadora.

(문제 3) 다음을 스페인어로 옮기시오.

1. 너의 집은 편하지만 나의 집은 편하지 않다.
2. 내 친구들은 이 수업에서 좋은 학점을 받는다.
3. 외국을 여행하기 위해서는 여권이 필요하다.
4. 그 일이 쉽다고들 말하지만 그것은 사실이 아니다.
5. 그 해변에 가려면 이 버스를 타야 한다.
6. 내 컴퓨터는 이것이지만 나는 저 컴퓨터가 좋다.
7. 요즘 저 휴대폰이 유행이다.
8. 이 신용카드는 누구의 것이니? 나의 것이야.

Capítulo 8

동사의 불규칙 인칭변화

1. 직설법 현재의 불규칙 인칭변화형태

비록 규칙 변화형(2과 참고)에 비하면 불규칙하지만, 불규칙 인칭변화에도 일정한 규칙성이 있다.

1) 어간 모음에 변화가 있는 경우

① e가 ie로 바뀌는 경우

empezar – empiezo empiezas empieza empezamos empezáis empiezan
perder – pierdo pierdes pierde perdemos perdéis pierden
preferir – prefiero prefieres prefiere preferimos preferís prefieren

예) pensar 생각하다 sentar(se) 앉다 comenzar 시작하다 querer 좋아하다
despertar(se) 잠을 깨다 cerrar 닫다 entender 이해하다 divertir(se) 즐기다
sentir 느끼다 mentir 거짓말하다 herir 부상하다

La clase empieza a las once en punto. 수업은 열 한 시 정각에 시작한다.
Pienso en ti a cada momento. 매 순간 나는 너 생각을 한다.
¿Quieres tomar algo? 뭐 마실래?

Ella entiende la explicación perfectamente.
그녀는 설명을 완벽하게 이해한다.

② o가 ue로 바뀌는 경우

contar – cuento cuentas cuenta contamos contáis cuentan
volver – vuelvo vuelves vuelve volvemos volvéis vuelven
dormir – duermo duermes duerme dormimos dormís duermen

예) encontrar 찾아내다 llover 비가 오다 poder 할 수 있다 morir 죽다
mostrar 보여주다 recordar 기억하다 costar 값이 나가다
acostar(se) 눕다 doler 아프다 mover 움직이다 soñar 꿈꾸다
volar 날다

Duermo seis o siete horas al día. 하루에 여섯 혹은 일곱 시간 잔다.
Siempre llueve en la tarde. 항상 오후에 비가 온다.
¿Puedo salir un momento? 잠깐 나가도 되나요?
No encuentran la entrada. 입구를 찾지 못한다.

③ e가 i로 바뀌는 경우

pedir - pido pides pide pedimos pedís piden
reír- río ríes ríe reímos reís ríen
seguir - sigo sigues sigue seguimos seguís siguen

예) repetir 반복하다 sonreír 미소짓다 servir 대접하다 vestir(se) 옷을 입다
impedir 방해하다 elegir 선택하다

Piden más tiempo libre a su jefe. 상사에게 여가시간을 더 요구한다.
Ella sigue las instrucciones con atención.
그녀는 주의 깊게 지시사항을 따른다.

¿A qué hora sirven la cena en este restaurante?
이 식당에는 몇 시에 저녁식사가 되나요?

④ u가 ue로 바뀌는 경우

jugar - juego juegas juega jugamos jugáis juegan

Juego con mi hermano. 나는 동생과 논다.
Los chicos juegan futbol en la cancha.[7] 소년들은 운동장에서 축구를 한다.

2) 자음의 변화가 있는 경우

① 1인칭 단수에서 z가 첨가되는 경우

conocer - conozco conoces conoce conocemos conocéis conocen

예) agradecer 감사하다 ofrecer 제공하다 traducir 번역하다
producir 생산하다 introducir 소개하다 conducir 운전하다
aparecer 나타나다 nacer 태어나다

No conoces a Luis. 너는 루이스를 모른다.
Ella agradece siempre con una sonrisa.
그녀는 항상 미소를 띠면서 고마워한다.
¿Conduzco rápido o despacio? 내가 빨리 운전하니 천천히 운전하니?

② 1인칭 단수에서 g가 첨가되는 경우

salir – salgo sales sale salimos salís salen
hacer – hago haces hace hacemos hacéis hacen

---

7) 스페인에서는 jugar 뒤에 운동 종목이 오면 전치사 a가 나타난다. fútbol에도 강세가 있다.
Los chicos juegan al fútbol en la cancha.

tener – tengo tienes tiene tenemos tenéis tienen

venir – vengo vienes viene venimos venís vienen

decir – digo dices dice decimos decís dicen

poner – pongo pones pone ponemos ponéis ponen

caer – caigo caes cae caemos caéis caen

traer – traigo traes trae traemos traéis traen

valer – valgo vales vale valemos valéis valen

Siempre sale solo y en la noche. 항상 혼자 그리고 밤에 외출한다.
Los niños no dicen mentiras. 아이들은 거짓말을 하지 않는다.
Tengo que contarte mi historia. 너에게 내 이야기를 해야 해.
Vengo a saludarte. 너에게 인사하러 왔어.
¿Qué haces con la ropa vieja? 낡은 옷으로 뭘 하니?

③ 1, 2, 3인칭 단수와 3인칭 복수에서 y가 첨가되는 경우

huir – huyo huyes huye huimos huis huyen

예) construir 건설하다 destruir 파괴하다 incluir 포함하다
excluir 제외하다 sustituir 대체하다 concluir 결론나다
disminuir 감소하다

Los ladrones huyen de la policía. 도둑들이 경찰서에서 도망친다.
Ellas no incluyen a los chicos en su grupo.
그녀들은 소년들을 자기 그룹에 끼워주지 않는다.
La contaminación disminuye en el campo. 오염이 들판에서는 줄어든다.
La tecnología sustituye a las personas. 기술이 사람을 대신한다.

④ 1인칭 단수에서 g가 j로 바뀌는 경우

corregir – corrijo corriges corrige corregimos corregís corrigen exigir – exijo exiges exige exigimos exigís exigen

escoger – escojo escoges escoge escogemos escogéis escogen

dirigir – dirijo diriges dirige dirigimos dirigís dirigen

La profesora corrige las traducciones de los alumnos.

여교수가 학생들의 번역을 교정한다.

Exijo una respuesta pronta. 나는 빠른 대답을 요구한다.

Los padres dirigen a sus hijos en la elección de su carrera.

부모는 자식이 전공을 선택하는 것을 이끌어 준다.

3) 강세에 변화가 있는 경우

enviar – envío envías envía enviamos enviáis envían

actuar – actúo actúas actúa actuamos actuáis actúan

예) confiar 신뢰하다 guiar 안내하다 continuar 계속하다
graduar(se) 졸업하다

¿Envías este mensaje a Juan? 이 메시지를 후안에게 보내니?

Todos confiamos en ti. 우리 모두는 너를 믿는다.

Los bomberos nos guían con cuidado.

소방관들은 조심스럽게 우리를 인도한다.

4) 그 밖의 중요한 불규칙 변화

ir – voy vas va vamos vais van

ser – soy eres es somos sois son

estar – estoy estás está estamos estáis están

dar – doy das da damos dais dan

ver – veo ves ve vemos veis ven

saber – sé sabes sabe sabemos sabéis saben

haber – he has ha hemos habéis han

caber – quepo cabes cabe cabemos cabéis caben

oír – oigo oyes oye oímos oís oyen

oler – huelo, hueles, huele, olemos, oléis, huelen

Vamos a salir ahora mismo. 지금 당장 나갈 거다.

Nosotros somos amigos desde la niñez. 우리는 어려서부터 친구이다.

Estoy cansado de tus mentiras. 나는 네 거짓말에 지쳤다.

No sé dónde buscar la felicidad.

나는 어디서 행복을 찾아야 할지 모르겠다.

En Corea no damos propina. 한국에서는 팁을 주지 않는다.

Lo siento, no veo el reloj. 미안합니다만 시계가 보이지 않네요.

Hueles bien, ¿es tu perfume? 좋은 냄새가 나는구나. 네 향수 냄새니?

2. tener와 hacer의 주요 용법

1) tener

① tener + 나이: 나이가 – 살이다

¿Cuántos años tienes? ¿Qué edad tienes? 너는 몇 살이니?

Tengo veintidós años. 스물두 살이야.

¿Cuántos meses tiene tu hija? Tiene ocho meses.

네 딸은 몇 개월 되었니? 팔 개월 되었어.

② tener frío 춥다 tener calor 덥다 tener hambre 배고프다 tener sed 목마르다 tener sueño 졸리다 tener dolor 아프다 tener razón 옳다 tener miedo 두려워하다 tener cuidado 조심하다 tener prisa 바쁘다 tener la culpa 잘못하다

Es verano y tenemos mucho calor. 여름이라서 아주 덥다.

Tengo sed y hambre. 목이 마르고 배가 고프다.

Tengo dolor de estómago. 나는 배가 아프다.

Tengo mucho sueño y me voy a la cama. 잠이 많이 와서 자러 간다.

Tú tienes razón. 네 말이 맞다.

Hay que tener cuidado porque el plato está muy caliente.
음식이 매우 뜨거우니 조심해야 한다.

Tenemos que tomar un taxi; tenemos prisa. 택시를 타야 해. 바빠.

Llegas tarde. Si perdemos el tren, tú tienes la culpa.
늦었구나. 우리가 기차를 놓치면 네 탓이다.

③ tener que 동사원형: (특정 주어가) – 해야 한다

Tengo que contarte una cosa. 나는 너에게 한 가지를 얘기해야 해.

¡Uf! Tengo que limpiar mi casa. 이런, 집 청소를 해야겠군.

Tienes que descansar, trabajas demasiado.
너는 쉬어야 해. 지나치게 일하잖아.

Tenemos que enviar este archivo por correo electrónico.
우리는 이 파일을 메일로 전송해야 한다.

2) hacer

① 날씨를 표현한다.

¿Qué tiempo hace hoy? 오늘 날씨가 어떤가요?

Hace buen tiempo. 날씨가 좋습니다.

Hace mal tiempo. 날씨가 나쁩니다.

Hace calor. 날씨가 덥다.

Hace frío. 날씨가 춥다.

Hace fresco. 날씨가 선선합니다.

Hace sol. 해가 납니다.

Hace viento. 바람이 붑니다.

cf. Está nublado. 날씨가 흐리다. 구름이 끼었다.
Está soleado. 해가 났다.
Hay nubes. 구름이 끼었다.
Hay niebla. 안개가 끼었다.

② hacer 기간 que: – 한 지 얼마나 되다

Hace un año que estudiamos español. 스페인어 공부한지 일 년 되었다.
Hace unos días que tengo dolor de cabeza. 두통이 있은 지 며칠 되었다.
Hace tiempo que esperan tu respuesta. 네 답을 기다린지 오래다.
¿Cuánto tiempo hace que vives en esta ciudad?
이 도시에 산 지 얼마나 되니?

③ hacer una pregunta 질문하다 hacer un viaje 여행하다 hacer caso 관심을 두다 hacer la maleta 가방을 꾸리다 hacer la cama 잠자리를 준비하다 hacer un examen 시험보다 hacer la compra 쇼핑하다 hacer la comida 음식 만들다 hacer un esfuerzo 노력하다

A veces los alumnos hacen preguntas. 때때로 학생들은 질문을 한다.
Esta tarde hago la compra en ese mercado.
나는 오늘 오후에 그 시장에서 장을 본다.
Los niños tienen mucho sueño. Hay que hacer la cama.
애들이 잠이 많이 온다. 잠자리를 만들어 줘야 한다.
Mañana ellos hacen un viaje y ahora hacen la maleta.
내일 그들은 여행을 한다. 그래서 지금 가방을 꾸린다.
Los muchachos no hacen caso de mi consejo.
아이들이 내 충고에 아랑곳 하지 않는다.

연습 문제

(문제 1) 괄호 안의 동사를 직설법 현재시제로 인칭변화 시키시오.

1. Juana (tener) dos hermanos mayores.
2. ¿A qué hora (volver) tú?
3. Nosotros (pedir) un agua mineral en el bar.
4. Los niños (jugar) en la playa.
5. Esto no (poder) ser verdad.
6. Yo no (saber) nadar.
7. ¿Para qué (servir) el dinero?
8. Yo (salir) a la calle a las ocho.
9. ¿Qué (hacer) tú? Yo (hacer) la comida.
10. ¿A dónde (ir) Uds.? Nosotras (ir) a la estación.
11. Ella no (conducir) en la ciudad.
12. Ellos (seguir) las instrucciones.
13. Yo (exigir) una explicación.
14. Él (oír) un ruido desagradable.
15. Yo (agradecer) mucho su atención.

(문제 2) 보기에서 적당한 표현을 골라 인칭변화 시키시오.

<보기> tener sed, tener prisa, tener miedo, tener sueño, tener cuidado, tener hambre, hacer preguntas, hacer calor, hacer un examen, hacer la cama, hacer la compra, hacer caso

1. En verano (   ).
2. Ud. no come mucho. ¿No (   )?
3. En la clase los alumnos (   ) al profesor.
4. Ella no bebe agua. No (   ).
5. Me voy a la cama. (   ).
6. Voy al mercado. Tengo que (   ).
7. Voy a tomar un taxi. (   ).
8. Hoy yo (   ) de gramática.
9. Quieren dormir. Hay que (   ).
10. El plato está muy caliente. Hay que (   ).
11. ¿No subes al avión? ¿(   )?
12. Lo digo muchas veces, pero ellos no me (   ).

(문제 3) 다음을 스페인어로 옮기시오.

1. 네 동생은 몇 살이니? 17살이야.
2. 그녀는 이 편지를 부모님에게 보낸다.
3. 그 회사에서 일한지 얼마나 되었지요?
4. 네가 거짓말을 해서 나는 너를 믿지 않는다.
5. 날씨도 덥고 머리도 아프고..., 지금은 외출을 못하겠다.
6. 날씨가 좋구나. 오늘은 집안 청소를 하자.
7. 나는 그 일에 지쳤다. 그래서 쉬고 싶다.
8. 그는 화가 나면 운전을 빨리 한다.
9. 학생들은 문장을 번역하고 선생님은 그 번역을 수정해준다.

Capítulo 9

목적격 인칭대명사

1. 직접목적격 인칭대명사

1) 형태

		단수	복수
1인칭		me 나를	nos 우리를
2인칭		te 너를	os 너희를
3인칭	남성	lo/ le 그를, 당신을, 그것을	los/ les 그들을, 당신들을, 그것들을
	여성	la 그녀를, 당신을, 그것을	las 그녀들을, 당신들을, 그것들을

지역에 따라, 3인칭 남성이 사람인 경우에 le, les가 사용되기도 한다.

2) 용법

① 직접목적격 인칭대명사는 몇 가지 경우를 제외하고는 인칭변화한 동사의 앞에 위치한다.

Invito a mis amigos. 친구들을 초대한다.

→ **Los** invito. 그들을 초대한다.

Compran las flores para la iglesia. 교회에 가지고 갈 꽃을 산다.

→ **Las** compran para la iglesia. 교회에 가지고 가기 위해 그것들을 산다.

¿Haces la tarea? Sí, **la** hago. 그 과제를 하니? 응, 그걸 해.

¿Paga los televisores en efectivo? No, **los** paga con tarjeta de crédito.

텔레비젼 값을 현금으로 지불하나요? 아니요, 신용카드로 지불합니다.

¿Quién decide la fecha? Mis padres **la** deciden.

누가 날짜를 정하니? 부모님이 정해.

Preparo una presentación y no **la** termino todavía.

발표문을 준비하는데 아직 끝내지 못했어.

② 직접목적격 인칭대명사가 어떤 사실이나 상황을 나타낼 경우 중성 lo를 사용한다.

¿Está Juan enfermo? No **lo** sé. 후안이 아픈가요? 모르겠습니다.

¿Va sola a la fiesta? No **lo** creo.

그녀는 파티에 혼자 가니? 그렇게 생각지 않아.

Ella se casa mañana. **Lo** comenta todo el mundo.

그녀가 내일 결혼하는데, 모두들 그 이야기를 한다.

No **lo** puedo creer, habla español perfectamente.

믿을 수가 없어. 스페인어를 완벽하게 하네.

③ 동사가 **부정사(Infinitivo)**, **현재분사(Gerundio)** 혹은 **긍정명령형**으로 나타날 경우 그 직접목적격 인칭대명사는 동사 뒤에 바로 붙어 나타날 수 있다. 다만, 조동사가 함께 있을 경우 조동사 앞에 위치할 수도 있다. 직접목적격 인칭대명사가 동사 바로 뒤에 붙어 나올 때, 동사의 원래의 강세 위치가 바뀔 우려가 있으면 원래의 강세위치에 강세표기를 더해준다.

Voy a comprar el reloj. 나는 그 시계를 살 거다.
→ Voy a comprar**lo**./ **Lo** voy a comprar. 그걸 살 거다.
¿Puedes llevar el vino? Sí, puedo llevar**lo**./ Sí, **lo** puedo llevar.
포도주 가져가 줄래? 그래, 가져가 줄게.
¿Para qué tomas las fotos? Para enviar**las** a mis padres.
왜 사진을 찍니? 부모님께 보내 드리려고.

Estoy leyendo el periódico. 나는 신문을 읽고 있다.
→ Estoy leyéndo**lo**./ **Lo** estoy leyendo. 나는 그것을 읽고 있다.
¿Sigues esperando su visita? Sí, sigo esperándo**la**./ Sí, **la** sigo esperando.
그의 방문을 계속 기다리니? 응, 계속 기다려.

Compre las fresas, por favor. 딸기 사세요.
→ Cómpre**las**, por favor. 그것들을 사세요.
¿No viene él? Llláma**lo** ahora mismo, es importante.
그는 오지 않니? 그에게 지금 당장 전화해. 중요한 일이야.

3) **직접목적격 인칭대명사의 중복형**: 3인칭 직접목적격 인칭대명사는 가리키는 것이 분명하지 않을 수도 있다. 즉, La necesito와 같은 문장에서 la가 가리키는 것은 그녀(ella)일 수도 있고 당신(Ud.)일 수도 있으며 또 어떤 사물(una mesa)일 수도 있다. 이런 경우 혼란을 피하기 위해 다음과 같이 중복형을 사용할 수 있다.

La necesito. — La necesito **a ella**. La necesito **a Ud**.
그녀가 필요하다. 당신이 필요하다.
Los invitan. — Los invitan **a ellos**. Los invitan **a Uds**.
그들을 초대한다. 당신들을 초대한다.

① 이런 중복형은 혼란을 피하기 위해 부차적, 선택적으로 사용하는 수단이며, 그 자체가 독립적으로 직접목적어 역할을 하지는 못한다. 따라서 직접목적

어가 인칭대명사이면 반드시 직접목적격 인칭대명사 형태를 우선적으로 사용해야 하며, 직접목적격 인칭대명사 없이 중복형만 나타나면 그 문장은 틀린 문장이 된다.

La necesito.	La necesito a ella.	La necesito a Ud.
	(x)Necesito a ella.	(x)Necesito a Ud.
Los invitan.	Los invitan a ellos.	Los invitan a Uds.
	(x)Invitan a ellos.	(x)Invitan a Uds.

② 직접목적격 인칭대명사의 중복형은 일반적으로 직접목적어가 **사람**이면서 **인칭대명사**인 경우에 사용한다. 직접목적어가 사물이거나 혹은 사람이더라도 인칭대명사가 아니면 중복형을 사용하지 않는다.

Compro el collar. — Lo compro. (x)Lo compro el collar.
목걸이를 산다. 그것을 산다.

Preparo la ensalada. — La preparo. (x)La preparo la ensalada.
샐러드를 준비한다. 그것을 준비한다.

Visito a Mónica. — La visito. (x)La visito a Mónica.
모니카를 방문한다. 그녀를 방문한다.

Cuido al niño. — Lo cuido. (x)Lo cuido al niño.
아이를 돌본다. 그를 돌본다.

③ 직접목적어가 강조되어 동사 앞으로 도치되면 그에 해당하는 직접목적격 인칭대명사가 반복되어 나타난다.

El examen no **lo** quiero recordar. 그 시험은 기억하고 싶지 않다.

El celular **lo** compra solo para llamar a su novia.
그 핸드폰은 단지 애인에게 전화하기 위해 산다.

A tus hermanas **las** conozco desde el año pasado.
네 누이들을 나는 작년부터 알고 있다.

A Ángela Mario **la** encuentra guapa.
마리오는 앙헬라가 예쁘다는 것을 발견한다.

2. 간접목적격 인칭대명사

1) 간접목적격 인칭대명사의 형태와 용법

① 1인칭, 2인칭에서는 직접목적격 인칭대명사와 동일한 형태를 가지지만, 3인칭에서는 성 구별 없이 수에 따라 le(se), les(se)의 두 가지 형태로 나타난다.

	단수	복수
1인칭	me 나에게	nos 우리에게
2인칭	te 너에게	os 너희에게
3인칭	le(se) 그에게, 그녀에게, 당신에게, 그것에게	les(se) 그들에게, 그녀들에게, 당신들에게, 그것들에게

② 간접목적격 인칭대명사의 사용법은 직접목적격 인칭대명사와 거의 동일하다. 먼저, 동사가 인칭변화를 한 경우 간접목적격 인칭대명사 역시 그 동사 앞에 위치한다.

Me da dinero con frecuencia. 자주 나에게 돈을 준다.
No **le** dicen toda la verdad. 그에게 모든 진실을 말하지 않는다.
Te muestro mi casa. 너에게 내 집을 보여준다.
Les envío las invitaciones. 그들에게 초대장을 보낸다.
Nos piden llegar más temprano. 우리에게 더 일찍 도착하기를 요구한다.

③ 동사가 **부정사(Infinitivo)**, **현재분사(Gerundio)**, **긍정명령**의 형태이면, 간접목적격 인칭대명사 역시 이들의 바로 뒤에 붙어 나타나거나 조동사가 있으면 조동사 앞에 위치할 수 있다.

Quiero presentar**te** a mi mujer. **Te** quiero presentar a mi mujer.
네게 내 아내를 소개하고 싶다.
El jefe va a ofrecer**le** un empleo. El jefe **le** va a ofrecer un empleo.
사장이 그에게 일자리를 제공할 것이다.
¿Puedes traer**me** el apunte? ¿**Me** puedes traer el apunte?
노트를 나에게 가져다 줄 수 있니?

Está explicándo**nos** el informe. **Nos** está explicando el informe.
우리에게 그 보고서를 설명하고 있다.
Sigue gritándo**les** sin razón. **Les** sigue gritando sin razón.
이유 없이 그들에게 계속 소리친다.

Cómpre**me** un helado. 아이스크림 사주세요.
Hábla**nos** despacio. 천천히 말해줘.

2) **간접목적격 인칭대명사의 중복형**: 간접목적격 인칭대명사도 3인칭인 경우 혼란을 피하기 위해 중복형을 사용할 수 있다. 이 경우의 중복형 역시 부차적, 선택적으로 사용하는 수단이므로 반드시 간접목적격 인칭대명사를 우선적으로 사용해야 하며, 간접목적격 인칭대명사 없이 중복형만 나타나면 그 문장은 틀린 문장이 된다.

Le busco trabajo. 그에게 줄 일자리를 찾는다.
Le busco trabajo **a él**.
(x)Busco trabajo a él.

Les deseo buena suerte. 당신들에게 행운을 빕니다.
Les deseo **a Uds**. buena suerte.
(x)Deseo a Uds. buena suerte.

① 직접목적격 인칭대명사의 중복형과는 달리, 간접목적격 인칭대명사의 중복형은 자유롭게 나타날 수 있다.

Les ofrezco un café a los viajeros. 여행객들에게 커피를 제공한다.
Le entrega el trabajo al profesor. 교수님께 과제를 제출한다.
Le pide la mano a su novia. 애인에게 청혼한다.
Le quitan el pasaporte al turista. 그 관광객에게서 여권을 뺏는다.

② 간접목적어 역시 강조되어 동사 앞으로 전치되면 그에 해당하는 간접목적격 인칭대명사가 나타나야 한다.

A usted **le** debo mi trabajo. 내 일자리는 당신 덕입니다.
A ti **te** agradezco tu amistad. 네 우정에 감사한다.
A mis amigos **les** ofrezco mi propia casa.
내 친구들에게 내 자신의 집을 제공한다.
Al ganador **le** dan un premio en efectivo. 승자에게 현금으로 상을 준다.

3) 직접 및 간접목적격 인칭대명사가 동시에 나타나는 경우

한 문장 안에 직접 및 간접목적격 인칭대명사가 동시에 나올 경우, 간접목적격 인칭대명사가 직접목적격 인칭대명사를 선행하며 이 둘 사이에는 다른 요소가 들어가지 못한다.

Los amigos nos invitan la comida. 친구들이 우리에게 음식을 사준다.
→ Los amigos **nos la** invitan. 친구들이 우리에게 그것을 사준다.
Te agradezco la ayuda. 네 도움에 감사한다.
→ **Te la** agradezco. 네게 그것을 감사한다.
A ti te debo mi triunfo. 내 승리는 네 덕이다.
→ A ti **te lo** debo. 너에게 그것을 신세진다.
¡Qué bonita falda! ¿**Me la** regalas? 예쁜 치마네! 나한테 그걸 선물할래?

① 한 문장 안에 직접 및 간접목적격 인칭대명사가 동시에 나타나고 이들이 모두 3인칭인 경우 간접목적격 인칭대명사 le, les는 se로 바뀐다.

Le enseño español. 그에게 스페인어를 가르친다.

→ **Se lo** enseño. 그에게 그것을 가르친다.

(x)Le lo enseño.

El gobierno les paga los servicios. 정부가 그들에게 용역비를 지불한다.

→ El gobierno **se los** paga. 정부가 그들에게 그것을 지불한다.

Les dan las gracias a sus padres. 부모님께 감사를 드린다.

→ **Se las** dan (a sus padres). 그들에게 그것을 드린다.

② 직접 및 간접목적격 인칭대명사가 동시에 나타날 때 역시 동사가 **부정사(Infinitivo)**, **현재분사(Gerundio)**, **긍정명령**의 형태이면 이들의 바로 뒤에 붙어 나타나거나 조동사가 있을 경우 조동사 앞에 위치할 수 있다.[8)]

Mis padres quieren comprarme un coche.

부모님은 내게 차를 사주시려고 한다.

→Mis padres quieren comprár**melo**.

Mis padres **me lo** quieren comprar.

부모님이 내게 그것을 사주시려고 한다.

Le voy a dar las flores en su cumpleaños.

생일날 그에게 꽃을 줄 것이다.

→ Voy a dár**selas** en su cumpleaños.

Se las voy a dar en su cumpleaños.

생일날 그에게 그것을 줄 것이다.

Está preparándonos una sorpresa. 우리에게 놀랄 일을 준비하고 있다.

→ Está preparándo**nosla**. **Nos la** está preparando.

우리에게 그것을 준비하고 있다.

---

8) 직접 및 간접목적격 인칭대명사가 동시에 나타날 경우, 두 개를 동사 앞, 뒤로 분리해서 쓰지는 않는다.

Te lo voy a dar. Voy a dártelo. 너에게 그것을 줄게.

(x)Te voy a darlo.

¿Sigue declarándote su amor? 계속 네게 사랑을 고백하니?

→ ¿Sigue declarándo**telo**? ¿**Te lo** sigue declarando?

계속 네게 그것을 고백하니?

Lleva el dinero al señor Peña. 뻬냐씨에게 돈을 가져가.

→ Llévá**selo**. 그에게 그걸 가져가.

Tráeme los archivos a la oficina. 내게 사무실로 서류철을 가져와.

→ Tráe**melos** a la oficina. 내게 사무실로 그것들을 가져와.

3. 전치격 인칭대명사

전치사의 보어로 사용되는 인칭대명사는 다음과 같은 형태를 갖는데, 1인칭, 2인칭 단수를 제외하고는 주격 인칭대명사와 형태가 동일하다.

	단수	복수
1인칭	mí	nosotros/-as
2인칭	ti	vosotros/-as
3인칭	él, ella, Ud.	ellos, ellas, Uds.

Me pregunta por **ti**. 내게 너에 대해 묻는다.

Me encanta bailar con **él**. 나는 그와 춤추는 것이 아주 좋다.

La bolsa está detrás de **mí**. 가방은 내 뒤에 있습니다.

Trabajo por **ellos**, pero no lo reconocen.

나는 그들 때문에 일을 하는데 그들은 그걸 알아주지 않는다.

Estudio con **ella** porque es muy inteligente.

그녀가 똑똑해서 나는 그녀와 같이 공부한다.

Llega el autobús y con **él**, todos los estudiantes.[9]

버스가 도착하고 버스와 함께 모든 학생들이 도착한다.

9) 3인칭 él, ella, ellos, ellas 등이 주어로 사용될 때는 사물을 지칭할 수 없지만, 전치격으로 사용될 때는 사물을 지칭할 수 있다.

① 1인칭 단수 및 2인칭 단수 인칭대명사가 전치사 con 뒤에 올 때는 conmigo, contigo로 바뀐다.

Necesito hablar **contigo** de la fiesta. 파티에 대해서 너랑 얘기해야 한다.
¿Quién va **conmigo** al cine? 누가 나와 같이 영화관에 가지?
Me gusta trabajar **contigo**. 너랑 같이 일하는 게 좋다.
¿Estás **conmigo** o contra mí? 너는 내 편이니 내 반대편이니?

4. gustar 동사의 용법

Me **gusta** esta música. 나는 이 음악을 좋아한다.

이 문장에서 좋아하는 사람인 '나'는 주어가 아닌 간접목적어로 나타나고 좋아함의 대상인 '이 음악'은 주어로 나타나 있다. 따라서 문장구조대로 해석하면 '이 음악이 나에게 마음에 든다'가 되겠지만, 자연스러운 해석은 '나는 이 음악을 좋아한다, 나는 이 음악이 좋다' 정도이다.

Me gusta esta clase. 나는 이 수업이 좋다.
¿Te gusta la comida mexicana? 너는 멕시코 음식을 좋아하니?
Le gustan sus vecinos. 그는 이웃을 좋아한다.
Nos gusta la ropa de moda. 우리는 유행하는 옷을 좋아한다.
¿Te gusta tomar la siesta después de comer?
너는 식사 후에 낮잠 자는 것을 좋아하니?
A las mujeres les gusta ir de compras.
여자들은 쇼핑가는 것을 좋아한다.
Te gusta todo, ¿verdad? 넌 다 좋지, 그렇지?
¿No te gusto? No, no me gustas tú.
너는 내가 마음에 안 드니? 그래, 나는 네가 마음에 안 들어.

① gustar 동사 구문에서도 간접목적어가 중복되어 나타날 수 있다.

No les gusta **a ellos** mi idea. 그들은 내 생각을 마음에 들어 하지 않는다.

Le gustan las películas de amor **a ella**. 그녀는 사랑 영화를 좋아한다.

¿Le gusta **a usted** la nueva pareja de Manuel?

마누엘의 새로운 짝이 마음에 드세요?

A mí me gusta mucho este disco compacto.

나는 이 CD(컴펙트 디스크)가 정말 좋다.

A ellos no les gusta tomar decisiones serias.

그들은 진지한 결정을 내리는 것을 좋아하지 않는다.

② 다음과 같은 문장들도 gustar 구문과 유사한 구조를 가진다.

Nos **encanta** este restaurante. 우리는 이 식당이 아주 좋아.

¿Qué te **duele**? Me **duelen** la cabeza y el estómago.

어디가 아프니? 머리와 배가 아파요.

Les **falta** tiempo para descansar. 그들은 쉴 시간이 부족하다.

¿Te **preocupa** tener malas notas? 나쁜 학점을 받는 것이 걱정되니?

A mí no me **importa** su vida. 그의 인생은 나에게 중요하지 않다.

¿Cómo te **cae** el nuevo estudiante? Me **cae** bien.

새 학생이 어때? 난 좋아.

연습 문제

(문제 1) 밑줄 친 부분을 목적격 인칭대명사로 바꾸어 전체 문장을 다시 쓰시오.

1. Veo <u>a Juan</u> en el patio.
2. Llevo <u>a las muchachas</u> al museo.
3. Escribo una carta <u>a mis padres</u>.
4. Ofrecemos un trabajo <u>al extranjero</u>.
5. Nos dice <u>que va a venir mañana</u>.
6. Podemos tener <u>la fiesta</u> mañana.
7. Los chicos quieren terminar <u>el trabajo</u>.
8. Nos traen <u>el café de Colombia</u>.
9. Enviamos <u>una postal a mis abuelos</u>.
10. ¿Tú lo dices <u>a todo el mundo</u>?
11. ¿Puede pasarme <u>el periódico</u>?
12. Tienes que explicarles <u>el uso de la máquina</u>.

(문제 2) 괄호 안의 대명사를 적절한 형태로 바꾸시오.

1. Esta camisa es para (tú).
2. Hablamos mucho de (Ud.).
3. Lo hago por (ellos).
4. ¿Quiere Ud. cenar con (yo)?

5. Ella no puede vivir sin (él).
6. ¿Trabajan ellos con (tú)?
7. Mis padres piensan mucho en (yo).

(문제 3) 다음을 스페인어로 옮기시오.

1. 식사를 한 후 우리는 쇼핑을 간다.
2. 머리가 아파 낮잠을 자려고 한다.
3. 컴퓨터를 하나 사고 싶은데, 신용카드로 지불할 수 있나요?
4. Pablo는 한국음식을 좋아하는데, 너는 그것을 알고 있니?
5. 파티가 정말 마음에 들어. 초대해줘서 고마워.
6. 그 파일이 필요하니? 내가 너에게 갖다 줄게.
7. 진실을 말하지 않으니 난 너를 믿을 수 없다.
8. Alfonso가 너랑 춤추고 싶어 하는데, 그가 마음에 드니?
9. 그는 머리는 좋지만 열심히 공부하지 않아 학점이 별로다.
10. 이 CD는 그녀를 위해 사는데, 오늘 오후에 그녀에게 전해줄 것이다.

Capítulo 10

부정문, 의문문, 감탄문

1. 부정문(Negativas)

① 스페인어에서는 대체로 긍정문의 동사(조동사 포함) 앞에 'no'만 넣으면 부정문이 된다.

Ese hombre está feliz. 그 남자는 행복하다.

→ Ese hombre no está feliz. 그 남자는 행복하지 않다.

¿Puedo faltar a clase? 수업에 빠져도 되나요?

→ ¿No puedo faltar a clase? 수업에 빠질 수 없나요?

Necesitamos otra computadora. 우리는 다른 컴퓨터가 필요하다.

→ No necesitamos otra computadora.
우리는 다른 컴퓨터가 필요하지 않다.

Aquí hay mucha gente esta noche. 오늘 저녁에 여기 사람이 많다.

→ Aquí no hay mucha gente esta noche.
오늘 저녁에 여기 사람이 많지 않다.

② 목적격 인칭대명사가 동사 앞에 나타날 경우 부정어 no는 그 대명사 앞에 위치한다.

Ellos lo buscan. 그들이 그것을 찾는다.

→ Ellos no lo buscan. 그들이 그것을 찾지 않는다.

Me gusta el ritmo latino. 나는 라틴 리듬이 좋다.

→ No me gusta el ritmo latino. 나는 라틴 리듬을 좋아하지 않는다.

Pedro nos lo exige. 뻬드로는 우리에게 그것을 요구한다.

→ Pedro no nos lo exige. 뻬드로는 우리에게 그것을 요구하지 않는다.

③ 부정(negativo)의 의미를 갖는 부정어 nadie, nada, ninguno/a, nunca, tampoco 등을 이용해 부정문을 만들기도 한다.

Alguien golpea la puerta. 누군가 문을 두드린다.

→ Nadie golpea la puerta. 아무도 문을 두드리지 않는다.

Con frecuencia voy a la discoteca. 나는 자주 디스코텍에 간다.

→ Nunca voy a la discoteca. 나는 디스코텍에는 전혀 가지 않는다.

¿Algún vestido es mío? 어느 옷이 제 것인가요? (제 것이 있나요?)

→ ¿Ningún vestido es mío? 어느 옷도 제 것이 아닌가요?

Yo también olvido su nacionalidad. 나도 그의 국적을 잊었다.

→ Yo tampoco olvido su nacionalidad. 나도 그의 국적을 잊지 않았다.

Aquí pasa algo. 여기 무슨 일이 있다.

→ Aquí no pasa nada. 여기 아무 일도 없다.

이런 표현에서 부정어 nadie, nada 등은 동사 앞에 올 수도 있고 동사 뒤에 올 수도 있다. 이들이 동사 뒤에 올 경우 반드시 동사 앞에 no가 나타나야 하며, 동사 앞에 나타날 경우에는 no가 나타나서는 안 된다.

No veo a nadie desde ayer. A nadie veo desde ayer.

어제부터 아무도 못 보았다.

No bebe nada por la noche. Nada bebe por la noche.

저녁에는 아무것도 마시지 않는다.

No sale sola tampoco. Tampoco sale sola.

그녀 역시 혼자 외출하지 않는다.

No lo haces bien nunca. Nunca lo haces bien.
그걸 잘 하는 적이 없구나.

No me convence ninguno. Ninguno me convence.
아무도 나를 납득시키지 못한다.

2. 의문문(Interrogativas)

1) 의문사가 없는 의문문

① 어순은 평서문과 차이가 없다. 주어와 동사 사이의 어순이 자유로워서 주어가 동사 앞에 올 수도 있고 동사 뒤에 올 수도 있으며 문장 끝에 나올 수도 있다.

¿María toca el piano? 마리아는 피아노를 치니?
¿Toca María el piano?
¿Toca el piano María?

¿El metro es un transporte seguro? 지하철은 안전한 교통수단인가요?
¿Es el metro un transporte seguro?
¿Es un transporte seguro el metro?

② Sí나 No로 답할 수 있다. 의문문과 평서문 사이에 어순 차이가 없으므로 의문문인지 아닌지는 억양(Entonación)이나 의문부호로 구분한다.

Ella quiere hablarme de su hermana.
그녀는 나에게 자기 언니에 대해 이야기하고 싶어 한다.
¿Ella quiere hablarme de su hermana?
그녀는 나에게 자기 언니에 대해 이야기하고 싶어 하니?
→ Sí, lo quiere ella. 응, 그걸 원해.
No, no lo quiere ella. 아니, 그걸 원하지 않아.

2) 의문사가 있는 의문문

① 의문의 대상이 문장의 일부 내용, 즉 의문사의 내용이다. 따라서 의문에 대한 답도 의문사에 해당하는 부분이 되며, Sí나 No로는 답할 수 없다. 예를 들어 다음과 같은 문장에서 밑줄 친 부분을 알지 못해 그 부분에 대해 질문하는 경우 각각에 해당하는 다양한 의문문들이 나타나게 된다.

Pedro compra **una bicicleta** **en el supermercado** **esta tarde**.
ⓐ ⓑ ⓒ ⓓ
뻬드로는 오늘 오후에 슈퍼마켓에서 자전거를 삽니다.

ⓐ ¿Quién compra una bicicleta en el supermercado esta tarde?
누가 오늘 오후에 슈퍼마켓에서 자전거를 삽니까?
ⓑ ¿Qué compra Pedro en el supermercado esta tarde?
뻬드로는 오늘 오후에 슈퍼마켓에서 무엇을 삽니까?
ⓒ ¿Dónde compra Pedro una bicicleta esta tarde?
뻬드로는 오늘 오후에 어디서 자전거를 삽니까?
ⓓ ¿Cuándo compra Pedro una bicicleta en el supermercado?
뻬드로는 언제 슈퍼마켓에서 자전거를 삽니까?

의문사는 문두에 위치하며, 주어와 동사 사이의 어순은, ⓐ처럼 의문사 자체가 주어인 경우를 제외하고는 동사-주어의 어순이 되어야 한다.
단, por qué는 주어-동사의 어순도 허용한다.

¿Qué compra Pedro en el supermercado esta tarde?
(x)¿Qué Pedro compra en el supermercado esta tarde?

② 의문사가 전치사의 보어인 경우 그 전치사는 반드시 의문사와 함께 문두에 나타나야 한다.

Ella vive **con su abuela**. 그녀는 할머니와 함께 산다.
→ **¿Con quién** vive ella? 그녀는 누구와 함께 사니?

Los chicos hablan **de ese partido de futbol**.
소년들은 그 축구경기에 대해 이야기한다.
→ ¿**De qué** hablan los chicos? 소년들은 무엇에 대해 이야기하니?

③ 의문사에는 다음과 같은 것들이 있다.

ⓐ Quién: '누구'를 의미한다. 의문대명사로 사용되며 사람을 가리킨다. 성 변화는 없고 수 변화만 있다.

¿Quién nos ayuda? 누가 우리를 돕나요?
¿Quiénes faltan a clase? 누가 수업에 결석하나요?
¿A quién esperas? 누구를 기다리니?
¿De quién es esa pintura? 그 그림은 누구의 것입니까?

ⓑ Qué: '무엇'을 의미한다. 의문대명사 및 의문형용사로 사용되고 사물을 가리킨다. 성, 수 변화는 하지 않는다.

¿Qué es ese ruido? 그 소음은 뭐니?
¿Qué haces el fin de semana? 주말에는 뭐 하니?
¿De qué es la mesa? 탁자는 무엇으로 되어 있나요?

¿Qué estación te gusta? 무슨 계절을 좋아하니?
¿Qué página lees? 몇 페이지를 읽니?
¿En qué autobús vas a casa? 어떤 버스로 집에 가니?

ⓒ **Cuál**: 선택의 의미를 가지며, '어떤 것'으로 해석된다. 의문대명사로 사용되고, 성 변화 없이 수 변화만 한다. 사람, 사물에 다 사용될 수 있다.

¿Cuál es tu color favorito? 제일 좋아하는 색깔이 어떤 거니?
¿Cuál necesitas? ¿este o aquel?
어느 것이 필요하니? 이것 아니면 저것?
¿Cuál de las películas prefieres? 영화들 중 어떤 것을 선호하니?

¿De cuál de los jugadores hablan Uds.?
선수들 중에서 어떤 사람에 대해 이야기하나요?

cf. ¿Cuál de las frutas te gusta? 어떤 과일을 좋아하니?
¿Qué fruta te gusta?

¿Cuáles de las materias escoges? 어떤 과목들을 선택하니?
¿Qué materias escoges?

ⓓ **Cuánto**: '얼마나 많은', '얼마나 많이'로 해석된다. 수량을 나타내는 의문대명사, 의문형용사, 의문부사로 사용되며, 성, 수 변화를 한다. 사람과 사물에 모두 사용될 수 있다.

¿Cuánto cuesta la muñeca? 인형은 얼마입니까?
¿Cuántos hay en la reunión? 모임에는 몇 명이나 있나요?
¿En cuánto te venden el violín? 너에게 그 바이올린을 얼마에 파니?

¿Cuántos kilos de uvas necesita? 포도 몇 킬로그램이 필요하나요?
¿Cuánto tiempo falta para terminar? 마치려면 얼마나 남았니?
¿Con cuántas personas viajas? 몇 사람과 같이 여행하니?

ⓔ **Cuándo**: '언제'를 의미하며, 의문부사로 사용된다.

¿Cuándo es la boda de Irene? 이레네의 결혼식은 언제인가요?
¿Cuándo termina el examen? 시험이 언제 끝나니?
¿Cuándo quieres regresar? 언제 돌아가려고 하니?
¿Desde cuándo trabaja ella en esta oficina?
그녀는 언제부터 이 사무실에서 근무하나요?

ⓕ **Dónde**: '어디'를 의미하며, 의문부사로 사용된다.

¿Dónde está tu familia? 네 가족은 어디에 있니?

¿Dónde compras tu bicicleta? 네 자전거를 어디서 사니?

¿De dónde llegas a esta hora? 이 시간에 어디서 오니?

¿A dónde va este autobús? 이 버스는 어디 가니?

ⓖ **Cómo**: '어떻게'를 의미한다. 의문부사로 사용되며 방법, 상태를 나타낸다.

¿Cómo es tu pueblo natal? 네 고향은 어떠니?

¿Cómo mejoro mi pronunciación?
어떻게 내 발음을 개선할 수 있을까요?

¿Cómo te puedo ayudar? 어떻게 너를 도와줄 수 있겠니?

¿A cómo estamos? 며칠이니?

ⓗ **Por qué**: '왜'를 의미한다. 의문부사로 사용되며 이유를 나타낸다.

¿Por qué no vas al médico? 왜 의사한테 안 가?

¿Por qué está triste tu novia? 네 애인이 왜 슬퍼하고 있니?

¿Por qué no baila conmigo?
왜 저와 춤을 추지 않나요? (저와 춤추시겠습니까?)

¿Por qué estudiamos español? 왜 우리는 스페인어를 공부합니까?

3) 부가의문문: 부가의문문은 언급한 내용에 대해 상대방의 동의를 구하는 의문문이다. 평서문 뒤에 ¿no?, ¿verdad?, ¿no es verdad? 등을 붙여주면 된다. 주 문장이 부정문인 경우는 ¿verdad?만이 사용될 수 있다.

Necesitas el dinero, ¿no? 너 그 돈이 필요하지, 그렇지?

Me entiendes, ¿no? 나 이해하지, 아니야?

Está satisfecha con su trabajo, ¿no es verdad?
그녀는 자신의 일에 만족하지요, 그렇지 않아요?

No sabe dónde está el cine, ¿verdad?
당신은 영화관이 어디 있는지 모르지요, 사실이지요?

Todavía no me quiere ella, ¿verdad?
아직 그녀는 나를 좋아하지 않지, 그렇지?

3. 감탄문(Exclamativas)

주로 의문사 qué, cuánto, cómo 등을 사용한다. 의문사가 있는 의문문에서와 마찬가지로 주어, 동사가 있으면 어순은 동사-주어가 된다.

① **¡Qué 명사 (tan 형용사) (동사 주어)!**

¡Qué hombre! 대단한 사람이네!
¡Qué lugar tan oscuro! 정말 어두운 장소로군!
¡Qué jardín tan bonito es el suyo! 당신의 정원은 정말 예쁘네요!
¡Qué sorpresa tan agradable es esto!
이건 정말 기분 좋은 놀라운 소식이네!
¡Qué gusto verte! 너를 보니 정말 기쁘구나!

② **¡Qué 형용사/부사 (동사 주어)!**

¡Qué romántico! 정말 낭만적이네!
¡Qué rápido! 정말 빠르네!
¡Qué terrible noticia! 정말 지독한 소식이네!
¡Qué malo eres! 너 정말 나쁘구나!
¡Qué bien baila tu novia! 네 애인은 정말 춤을 잘 추는구나!

③ cuánto, cómo를 사용하는 경우

¡Cuántos regalos! 선물이 정말 많구나!
¡Cuánto trabajas! 정말 일을 많이 하는구나!
¡Cuánto te extraño! 네가 정말 그리워!
¡Cómo lo siento! 정말 유감스럽군요!
¡Cómo me gusta! 정말 마음에 드네!

④ 자주 쓰이는 감탄표현들

¡Buena suerte! 행운이 함께 하기를...!

¡Encantado/a! 만나서 반가워요!

¡Lo siento! 미안해! 유감이야!

¡No importa! 괜찮아! 상관없어!

¡Buen provecho! 식사 잘 해! 많이 먹어!

¡Un momento! 잠깐만!

¡Buen viaje! 즐거운 여행이 되길...!

¡Qué bien! 정말 좋구나!

¡Cuidado! 조심해!

¡Caramba! 이런! 제기랄!

¡Dios mío! 하나님 맙소사!

¡Madre mía! 이런! 세상에!

¡Estupendo! 대단하네!

¡Fantástico! 환상적이네!

연습 문제

(문제 1) 다음을 부정문으로 만드시오. (단, 부정어가 괄호 안에 있으면 반드시 포함시키시오.)

1. Conozco esta ciudad.
2. El río es ancho.
3. Salgo bien en la fotografía.
4. La veo en el cine.
5. ¿Te lo entrega ella?
6. A nosotros nos gusta leer novelas de terror.
7. El niño come verduras. (nunca)
8. ¿Hay alguien en la plaza? (nadie)
9. ¿Compras algo para tu familia? (nada)
10. Yo también hago ejercicio por la noche. (tampoco)

(문제 2) 밑줄 친 부분을 의문사로 바꾸어 의문문을 만드시오.

1. Ellos estudian <u>inglés</u> esta tarde.
2. <u>Amparo</u> trabaja en la empresa.
3. El mercado está <u>en esta calle</u>.
4. Abrimos la puerta con <u>esta llave</u>.
5. Hacen la tortilla <u>de esta manera</u>.

6. Ellos van a cenar con sus padres.

7. Es el coche de Álvaro.

8. Ella se llama Silvia.

9. El tren tarda dos horas en llegar a la ciudad.

10. El concierto empieza a las ocho de la noche.

11. Quiere comprar esta falda.

12. De las dos blusas, ella prefiere esa.

(문제 3) 상황에 맞는 감탄표현을 보기에서 고르시오.

<보기> ¡Encantado! ¡Lo siento! ¡Buen provecho! ¡No importa! ¡Buena suerte! ¡Buen viaje! ¡Qué bien! ¡Cuidado!

1. A: Mi papá está muy mal. B: ________________
2. A: Juan, ella es María. B: ________________
3. A: Este coche es muy caro. B: ______________ Tengo dinero.
4. A: Mañana parto a Londres. B: ________________
5. A: Hoy no hay clases. B: ________________
6. A: Me espera un trabajo difícil. B: ________________
7. A: Ese camino es muy peligroso. B: ________________
8. A: Voy a comer ahora mismo. B: ________________

(문제 4) 다음을 스페인어로 옮기시오.

1. 그는 결코 수업에 빠지지 않는다.
2. 언제부터 라틴 음악을 좋아하지요?

3. 이 시간에 누구랑 같이 운동을 하니?

4. 내가 가장 좋아하는 스포츠는 축구다. 그러나 자주 하지는 못한다.

5. 이것과 저것 중 어떤 것이 너의 옷이니?

6. 컴퓨터 사는데 얼마나 많은 돈이 필요합니까?

7. 교수님과 그 과목에 대해 이야기하지, 그렇지?

8. 결혼식에 대비해 그녀는 이미 많은 돈을 저축해 두었다.

9. 휴대폰을 사고 싶은데, 아직 돈이 많이 부족하다.

10. 멋진 음악회야! 아주 만족스러워.

Capítulo 11

직설법 완료과거시제와 불완료과거시제

직설법 과거시제는 **완료과거**(Pretérito Indefinido)와 **불완료과거**(Pretérito Imperfecto)로 나뉜다. 완료과거는 과거에 완료되어 종결된 행위나 상태를 나타내며, 불완료과거는 과거의 일이지만 종결되었는지는 드러나지 않은 경우, 예를 들면 과거에 진행 중이었거나 습관적으로 반복되던 행위나 상태를 나타낸다. 두 시제는 각각 '닫힌 시제'와 '열린 시제'에 해당한다고 할 수 있다. 완료과거를 '부정과거' 혹은 '단순과거'라 부르기도 한다.

1. 완료과거시제

1) 완료과거시제의 형태

① 완료과거시제의 **규칙변화형**은 다음과 같다.

	–ar형(comprar)	–er형(vender)	–ir형(recibir)
1인칭 단수	compré	vendí	recibí
2인칭 단수	compraste	vendiste	recibiste
3인칭 단수	compró	vendió	recibió
1인칭 복수	compramos	vendimos	recibimos
2인칭 복수	comprasteis	vendisteis	recibisteis
3인칭 복수	compraron	vendieron	recibieron

Compré unos zapatos rosas hace unos días.
며칠 전에 장미색 구두를 샀다.
Ella vendió su casa a buen precio. 그녀는 좋은 가격에 집을 팔았다.
El año pasado recibí A en Gramática. 작년에 문법에서 A를 받았다.

② 일부 동사는 완료과거시제에서 다음과 같은 **불규칙 변화형태**를 갖는다.

ⓐ – er 동사와 – ir 동사 중 3인칭에서 어미 – ió, – ieron이 – yó, – yeron으로 바뀌는 경우(이 중 일부는 1인칭, 2인칭에서 어미 i의 강세표기에 불규칙을 보인다.)

creer: creí creíste creyó creímos creísteis creyeron
leer: leí leíste leyó leímos leísteis leyeron
oír: oí oíste oyó oímos oísteis oyeron
caer: caí caíste cayó caímos caísteis cayeron
huir: hui huiste huyó huimos huisteis huyeron
destruir: destruí destruiste destruyó destruimos destruisteis destruyeron

유사한 불규칙변화를 하는 동사: construir, incluir, sustituir, concluir

Leí una novela de terror. 공포 소설을 읽었다.
Oímos una música suave en casa.
우리는 집에서 부드러운 음악을 들었다.
Cayeron las rosas por el piso. 장미가 바닥으로 떨어졌다.
¿Por qué huiste con mi dinero? 왜 내 돈을 가지고 도망쳤니?
Concluyó la manifestación sin problemas.
별 문제없이 시위가 끝났다.

ⓑ – ir 동사 중 3인칭에서 어간모음 e가 i로 바뀌거나 o가 u로 바뀌는 경우

pedir: pedí pediste pidió pedimos pedisteis pidieron
sentir: sentí sentiste sintió sentimos sentisteis sintieron

reír: reí reíste rió reímos reísteis rieron

seguir: seguí seguiste siguió seguimos seguisteis siguieron

morir: morí moriste murió morimos moristeis murieron

dormir: dormí dormiste durmió dormimos dormisteis durmieron

유사한 불규칙변화를 하는 동사: preferir, mentir, repetir, divertir, servir

Pidió ayuda en el hospital. 병원에서 도움을 요청했다.

Sintieron frío al amanecer. 동이 틀 때 추위를 느꼈다.

Seguimos una dirección equivocada y nos perdimos.

우리는 잘못된 방향으로 계속 가다가 길을 잃었다.

Mis tíos murieron en un accidente de tráfico.

삼촌 내외는 교통사고로 돌아가셨다.

¿Mentiste para ayudarme? 나를 도우려고 거짓말 했니?

ⓒ －car, －gar, －zar로 끝나는 동사는 1인칭 단수에서 c는 qu로, g는 gu로, z는 c로 각각 바뀐다. 이는 원래의 소리값을 유지해 주기 위한 것이다.

sacar: saqué sacaste sacó sacamos sacasteis sacaron

llegar: llegué llegaste llegó llegamos llegasteis llegaron

empezar: empecé empezaste empezó empezamos empezasteis empezaron

유사한 불규칙변화를 하는 동사: jugar, tocar, explicar, pagar, negar, cruzar

La semana pasada empecé la dieta. 지난주에 다이어트를 시작했다.

Jugó futbol con los estudiantes. 그는 학생들과 축구를 했다.

Les expliqué la situación a mis padres. 부모님께 상황을 설명했다.

Los chicos pagaron las rosas. 소년들은 장미꽃 값을 지불했다.

Negó su error frente al policía.

경찰 앞에서 자신의 잘못을 부인했다.

ⓓ 그 밖의 중요한 불규칙 변화

ser: fui fuiste fue fuimos fuisteis fueron

ir: fui fuiste fue fuimos fuisteis fueron

dar: di diste dio dimos disteis dieron

poder: pude pudiste pudo pudimos pudisteis pudieron

poner: puse pusiste puso pusimos pusisteis pusieron

saber: supe supiste supo supimos supisteis supieron

caber: cupe cupiste cupo cupimos cupisteis cupieron

haber: hube hubiste hubo hubimos hubisteis hubieron

tener: tuve tuviste tuvo tuvimos tuvisteis tuvieron

estar: estuve estuviste estuvo estuvimos estuvisteis estuvieron

andar: anduve anduviste anduvo anduvimos anduvisteis anduvieron

querer: quise quisiste quiso quisimos quisisteis quisieron

hacer: hice hiciste hizo hicimos hicisteis hicieron

venir: vine viniste vino vinimos vinisteis vinieron

traer: traje trajiste trajo trajimos trajisteis trajeron

decir: dije dijiste dijo dijimos dijisteis dijeron

producir: produje produjiste produjo produjimos produjisteis produjeron

¿Fuiste sola a la Embajada de China? 중국 대사관에 혼자 갔었니?

Te dije la verdad. 난 네게 진실을 말했다.

Los abuelos pusieron las fotos en el álbum.

할아버지와 할머니는 사진첩에 사진을 넣었다.

Por aquí hubo una guerra. 이쪽에 전쟁이 있었다.

Pudimos terminar a tiempo el trabajo.

우리는 제 시간에 일을 마칠 수 있었다.

2) **완료과거시제의 용법**: 과거에 종결된 행위나 상태를 나타낸다. 과거를 나타내는 시간부사(ayer, anoche, la semana pasada, el año pasado 등)와 함께 사용되는 경우가 많다.

① 과거의 일회적 사건, 즉 어느 한 시점에 한번 일어났다가 끝난 행위나 상태를 나타내는 경우

En cuanto llegaron, preguntaron por tu salud.
도착하자마자 네 건강에 대해 물었다.
Nací en 2002 en un pueblo pequeño y tranquilo.
나는 2002년에 작고 조용한 마을에서 태어났다.
Murió a los ochenta años. 그는 80세에 죽었다.
Se enamoró de ella a primera vista. 그는 첫 눈에 그녀에게 반했다.
Empezó a trabajar aquí hace unas semanas.
몇 주 전에 여기서 일하기 시작했다.
Soy feliz desde que terminó el servicio militar. 제대한 이후로 행복하다.
La semana pasada fueron a la playa. 지난주에 그들은 해변에 갔다.

② 과거에 지속되거나 반복된 행위나 상태이더라도, 일정 기간 혹은 일정 횟수 내에 일어났다가 종결된 경우

Te esperé media hora en la cafetería. 커피숍에서 30분간 너를 기다렸다.
Vi tres veces la película. 그 영화를 세 번 봤다.
Trabajó para la compañía cinco años. 그 회사를 위해 오 년간 일했다.
Después el muchacho jugó un rato en el patio.
그 후 소년은 마당에서 잠시 놀았다.
Bailaron toda la noche. 그들은 밤새 춤을 췄다.
Habló toda la mañana de sus experiencias.
자신의 경험에 대해 오전 내내 얘기했다.
El año pasado fuimos varias veces de excursión.
우리는 지난 해 여러 번 소풍을 갔다.

2. 불완료과거시제

1) 불완료과거시제의 형태

① 불완료과거시제의 **규칙변화**형은 다음과 같다.

	−ar형(comprar)	−er형(vender)	−ir형(recibir)
1인칭 단수	compr**aba**	vend**ía**	recib**ía**
2인칭 단수	compr**abas**	vend**ías**	recib**ías**
3인칭 단수	compr**aba**	vend**ía**	recib**ía**
1인칭 복수	compr**ábamos**	vend**íamos**	recib**íamos**
2인칭 복수	compr**abais**	vend**íais**	recib**íais**
3인칭 복수	compr**aban**	vend**ían**	recib**ían**

Compraba leche cada dos días. 이틀에 한 번씩 우유를 샀다.

¿Qué vendían en esa tienda? 그 가게에서 뭘 팔았니?

Recibíamos siempre el mismo sueldo. 우리는 항상 같은 봉급을 받았다.

② 불완료과거 시제에서 **불규칙 변화**를 하는 동사는 아래의 3개이다.

ser: era eras era éramos erais eran

ir: iba ibas iba íbamos ibais iban

ver: veía veías veía veíamos veíais veían

En esa época ella era una señorita hermosa y morena.
그 당시 그녀는 예쁘고 가무잡잡한 아가씨였다.

Nosotros íbamos al mercado cada domingo.
우리는 일요일마다 시장에 갔었다.

Por la ventana se veía el mar. 창문으로 바다가 보였다.

2) 불완료과거시제의 용법

불완료과거시제는 과거의 불특정한 시간 동안 진행 중이었거나 반복되던 행위나 상태를 나타내는 데에 사용되며, 과거의 어떤 사실이나 상황을 설명하거나 묘사하는 데에도 사용된다. 이때의 행위나 상태는 지속성이 있으며, 시작이나 끝은 알 수도 없고 중요하지도 않다.

① 과거의 진행 중이었던 행위나 상태를 나타내는 경우: 과거진행형(estar의 불완료과거형 + 현재분사)으로 대체할 수도 있다.

Cuando llegó, sus hijos miraban la televisión.
그가 도착했을 때, 아이들은 텔레비전을 보고 있었다.
Pensaba en ti cuando me llamaste.
네가 나에게 전화했을 때 네 생각을 하고 있었다.
Ellos jugaban mientras ella cocinaba.
그녀가 요리하는 동안 그들은 놀고 있었다.
Se fue la luz cuando cantaban en el concierto.
음악회에서 노래하고 있는 동안 불이 나갔다.
Llovía, por eso llegué tarde al aeropuerto.
비가 오고 있어서 공항에 늦게 도착했다.
Eran las ocho cuando salí del restaurante.
식당에서 나왔을 때는 여덟 시였다.

② 과거의 습관적, 반복적 행위나 상태를 나타내는 경우: a veces, de vez en cuando, siempre, muchas veces, frecuentemente, cada día, todos los días, por lo general, cuando era niño, cuando vivía en Seúl 등과 같은 시간 표현이 함께 나타날 때가 많다.

A veces caminaba hasta la playa. 때때로 해변까지 걸었다.
Lloraba por soledad todas las noches. 매일 밤 외로움 때문에 울었다.

Siempre necesitaba dormir por lo menos ocho horas.
항상 최소한 여덟 시간 자는 것이 필요했다.

Por lo general, íbamos a la academia después de clases.
우리는 대개 수업을 마친 후에 학원에 가곤 했다.

Cuando era niño, yo tenía miedo a los mayores.
어렸을 때, 나는 어른들을 두려워했다.

Cuando vivía en España, iba con frecuencia a las corridas de toros.
스페인에서 살 때, 자주 투우경기를 보러 가곤 했다.

③ 과거의 어떤 사실이나 상황, 장면을 설명, 묘사하는 경우

Había muchos jóvenes en la fiesta. 파티에는 많은 젊은이들이 있었다.

El despacho estaba oscuro y en silencio. 사무실은 어둡고 조용했었다.

Estaba sola y sin amigos cerca de ella.
그녀는 곁에 친구도 없이 혼자 있었다.

La cumbre de la montaña estaba cubierta de blanca nieve.
산의 정상은 하얀 눈으로 덮여 있었다.

Yo tenía que aprobar el examen para ser médico.
의사가 되기 위해서는 그 시험을 통과해야 했다.

④ 과거의 어떤 시점을 기준으로 그 당시 혹은 그 이후에 일어나는 일을 표현하는 경우

Me dijo que tenía veinte años. 스무 살이라고 내게 말했다.

Me dijo que necesitaba una prueba. 증거가 필요하다고 내게 말했다.

Nos dijeron que llegaban a las diez. 열 시에 도착한다고 우리에게 말했다.

Ella prometió que iba a estar en casa. 그녀는 집에 있을 거라고 약속했다.

⑤ 정중한 표현

Buenas tardes, señor. ¿Qué quería Ud.? 안녕하세요. 무엇을 원하세요?

Quería unas gafas. 안경을 사고 싶은데요.

¿Qué deseaba Ud.? 무엇을 원하세요?

Venía a pedirle un favor. 당신에게 부탁 하나 하러 왔는데요.

연습 문제

(문제 1) 괄호 안의 동사를 완료과거 형태로 바꾸시오.

1. Esta mañana yo (perder) el autobús.
2. ¿Qué (hacer) tú el pasado fin de semana?
3. Ayer él (dormir) sólo tres horas.
4. ¡Tienes nuevos zapatos! ¿Dónde los (comprar)?
5. Ayer yo (ver) la foto en el periódico.
6. El mes pasado nosotros (tener) tres días de fiesta.
7. Nosotros (saber) la noticia hace unos minutos.
8. ¿A qué hora (venir) Ud. a la reunión? Hace media hora.
9. Antonio (vivir) mucho tiempo en el sur de los EE.UU.
10. Ayer ella (estar) con sus padres toda la tarde.
11. El fuego (destruir) su casa anoche.
12. Yo iba al gimnasio todos los días, pero ayer no (ir).

(문제 2) 괄호 안의 동사를 완료과거 혹은 불완료과거 형태로 바꾸시오.

1. Mientras desayunaba, (sonar) el teléfono.
   Mientras desayunaba, él (leer) el periódico.
2. Mientras viajaban en tren, ellas (contemplar) el paisaje.
   Mientras viajaban en tren, alguien les (robar) el equipaje.

3. Mientras paseaba, yo (pensar) en ella.

Mientras paseaba, (suceder) el incidente.

4. Mientras tomaba su cerveza, él (escuchar) el resultado del partido.

Mientras tomaba su cerveza, él (observar) el ambiente del bar.

5. Mientras dictaba el texto, el profesor (caminar) por la clase.

Mientras el profesor dictaba el texto, un alumno (abrir) la puerta.

(문제 3) 문맥에 맞도록 괄호 안의 동사를 완료과거 혹은 불완료과거 형태로 바꾸시오.

1. Su tío (morir) el año pasado.
2. En aquel tiempo nosotros (ir) mucho al cine.
3. Ellos (empezar) el trabajo ayer muy tarde.
4. ¿A quién (esperar) tú en la estación a esas horas?
5. Ella (vivir) en esta calle cuando la conocí.
6. La puerta estaba cerrada. ¿Cómo la (abrir) tú?
7. Dijeron que (llover) frecuentemente en este lugar.
8. Anoche yo le (llamar) tres veces por teléfono, pero no contestó.
9. Ella (estar) enferma cuando la visitamos la semana pasada.
10. ¿Tú (ver) a María en la fiesta de anoche?
11. Cuando él sintió el terremoto, (tomar) café en la sala.
12. Cuando era joven, yo me (duchar) con agua fría aun en invierno.
13. Los domingos yo tomaba la siesta, pero el pasado domingo no la (tomar).
14. Cuando nosotros lo (saber), ya era muy tarde.
15. Ahora te conozco, pero en aquel momento no te (conocer) bien.

(문제 4) 다음을 스페인어로 옮기시오.

1. 집에 도착했을 때 어머니는 요리를 하고 있었다.
2. 내가 어렸을 때 우리 가족은 부산에 살았다.
3. 그녀는 작년에 한 학기 동안 멕시코에서 스페인어를 공부했다.
4. 몇 일전에 여기서 교통사고가 있었다.
5. 부모님이 나가자 아이들은 TV를 보기 시작했다.
6. 나는 그 당시 2주일에 한번은 음악회에 갔다.
7. 마을은 조용했고 거리에는 아무도 없었다.
8. 어제밤 내가 전화했을 때 뭐하고 있었니?
9. 그들은 어제 파티에서 밤새도록 춤을 추었다.

Capítulo 12

미래시제와 조건시제

1. 미래시제(Futuro)

1) 미래시제의 형태

① 미래시제의 **규칙변화**형은 다음과 같다.

	-ar형(comprar)	-er형(vender)	-ir형(recibir)
1인칭 단수	comprar<u>é</u>	vender<u>é</u>	recibir<u>é</u>
2인칭 단수	comprar<u>ás</u>	vender<u>ás</u>	recibir<u>ás</u>
3인칭 단수	comprar<u>á</u>	vender<u>á</u>	recibir<u>á</u>
1인칭 복수	comprar<u>emos</u>	vender<u>emos</u>	recibir<u>emos</u>
2인칭 복수	comprar<u>éis</u>	vender<u>éis</u>	recibir<u>éis</u>
3인칭 복수	comprar<u>án</u>	vender<u>án</u>	recibir<u>án</u>

Compraré un boleto de avión. 나는 비행기표를 살 거다.

Venderá su casa este mes. 이번 달에 자기 집을 팔 것이다.

Recibirás una buena oferta de trabajo.

너는 좋은 일자리 제안을 받을 것이다.

② 미래시제에서 **불규칙변화**를 하는 동사는 다음의 12개이다.

salir: saldré saldrás saldrá saldremos saldréis saldrán
venir: vendré vendrás vendrá vendremos vendréis vendrán
poner: pondré pondrás pondrá pondremos pondréis pondrán
tener: tendré tendrás tendrá tendremos tendréis tendrán
valer: valdré valdrás valdrá valdremos valdréis valdrán

poder: podré podrás podrá podremos podréis podrán
haber: habré habrás habrá habremos habréis habrán
saber: sabré sabrás sabrá sabremos sabréis sabrán
caber: cabré cabrás cabrá cabremos cabréis cabrán
querer: querré querrás querrá querremos querréis querrán

hacer: haré harás hará haremos haréis harán
decir: diré dirás dirá diremos diréis dirán

Saldrán juntos esta tarde. 오늘 오후에 함께 외출할 거다.
¿Qué tendrá en la mochila? 배낭에 뭘 가지고 있을까?
Haré todo lo necesario. 필요한 걸 모두 할 거야.

2) 미래시제의 용법

① 미래에 일어나는 일을 나타낸다.

Estudiaremos la gramática en esa clase.
그 수업에서 문법을 공부할 것이다.
Tendré más trabajo desde la próxima semana.
다음 주부터 일이 더 많을 것이다.
Irás a la fiesta, ¿verdad? 파티에 갈 거지, 그렇지?
No cabrán todas las cosas en esta maleta.
물건들이 모두 이 가방에 들어가지는 않을 것이다.

Si caminas rápido, llegarás a tiempo.
빨리 걸으면 제 시간에 도착할 것이다.

② 현재나 미래의 사실을 추측하거나 상상하는 데에 사용된다.

¿Qué hora será ahora? Serán las siete.
지금 몇 시쯤 됐을까? 7시쯤 됐을 거야.
¿Será hoy o mañana? 오늘일까 내일일까?
¿Dónde estará mi príncipe azul? 내 왕자님은 어디 계실까?
Ella tendrá más o menos 50 años de edad. 그녀는 50세쯤 됐을 거야.
¿Pensará en mí? 내 생각을 할까?

③ 미래의 일을 나타낼 때는 **'ir a 동사원형'**을 사용할 수도 있으며, 일상회화에서는 미래시제보다 이 형태가 더 많이 사용된다. 보통 'ir a 동사원형'은 미래시제보다 실현가능성이 더 높다.

Va a estudiar la Cultura Precolombina el próximo semestre.
다음 학기에 콜럼부스 이전 시대의 문화를 공부할 것이다.
Vamos a comer tacos en México.
우리는 멕시코에서 따꼬를 먹을 것이다.
Esta ciudad va a organizar un festival.
이 도시는 페스티발을 하나 주최할 것이다.
Esta Navidad voy a cenar pavo.
올 성탄절에는 칠면조요리를 만찬으로 먹을 것이다.

2. 조건시제(Condicional)

미래시제는 현재시점을 기준으로 그 이후의 일을 나타내는 반면, 조건시제는 과거의 어느 시점을 기준으로 그 이후에 일어난 일을 나타낸다. 조건시제를 가능법(Modo potencial)이라 부르기도 한다.

Dice que lo estudiará más tarde. 그것을 나중에 공부할 거라고 말한다.
Dijo que lo estudiaría más tarde. 그것을 나중에 공부할 거라고 말했다.

1) 조건시제의 형태

① 조건시제의 **규칙변화형**은 다음과 같다.

	-ar형(comprar)	-er형(vender)	-ir형(recibir)
1인칭 단수	compraría	vendería	recibiría
2인칭 단수	comprarías	venderías	recibirías
3인칭 단수	compraría	vendería	recibiría
1인칭 복수	compraríamos	venderíamos	recibiríamos
2인칭 복수	compraríais	venderíais	recibiríais
3인칭 복수	comprarían	venderían	recibirían

Dijo que lo compraría para ella. 그녀를 위해 그것을 살 거라고 말했다.
¿Me venderías esa casa ahora? 그 집을 지금 나에게 팔 수 있겠니?
Escuché que él recibiría un regalo. 그가 선물을 받을 거라 들었다.

② 조건시제에서 **불규칙변화**를 하는 동사는 미래시제에서의 불규칙변화 동사 12개가 전부이며, 그 형태도 미래시제에서와 유사하다.

salir: saldría saldrías saldría saldríamos saldríais saldrían
venir: vendría vendrías vendría vendríamos vendríais vendrían

poner: pondría pondrías pondría pondríamos pondríais pondrían
tener: tendría tendrías tendría tendríamos tendríais tendrían
valer: valdría valdrías valdría valdríamos valdríais valdrían

poder: podría podrías podría podríamos podríais podrían
haber: habría habrías habría habríamos habríais habrían
saber: sabría sabrías sabría sabríamos sabríais sabrían
caber: cabría cabrías cabría cabríamos cabríais cabrían
querer: querría querrías querría querríamos querríais querrían

hacer: haría harías haría haríamos haríais harían
decir: diría dirías diría diríamos diríais dirían

Ayer habría mucha gente en la Plaza Mayor.
어제 마요르광장에 사람이 많았을 거야.
¿Podrías llevarnos al aeropuerto? 우리를 공항에 데려다 줄 수 있겠니?
En tu lugar, no diría eso. 내가 너라면 그런 말 안 할 텐데...

2) 조건시제의 용법

① 과거 어느 시점을 기준으로 그 이후의 일을 나타낸다. 이런 측면에서 조건시제를 '**과거의 미래**' 또는 '**과거에서 본 미래**' 라고도 한다.

Dijo que trabajaría mucho para obtener un buen resultado.
좋은 결과를 얻기 위해 열심히 일할 거라고 말했다.
Pensaba que terminaría más temprano. 더 일찍 끝날 거라 생각했다.
Prometió que regresaría pronto. 일찍 돌아올 거라고 약속했다.
Dijeron que harían un viaje al Medio Oriente.
중동으로 여행할 것이라고 말했다.
¿Imaginabas que nosotros estaríamos de acuerdo?
우리가 동의할 것이라고 상상했니?

② 과거 사실을 추측하거나 상상하는 데에 사용된다.

¿Qué hora sería? Serían las seis. 몇 시쯤이었을까? 6시쯤이었을 거야.

¿Por qué estaría sola anoche? 그녀가 어젯밤에 왜 혼자 있었을까?

¿Qué le diría en ese momento? 그 순간 그에게 뭐라고 했을까?

Ayer hablaría con ellos de sus planes.

어제 자기 계획에 대해 그들과 얘기했을 거야.

¿Estaría enojado por la broma? 그 농담 때문에 화가 났었을까?

③ 공손한 표현이나 조심스러운 표현에 사용된다. 주로 desear, poder, deber, gustar, preferir 등의 조건시제로 많이 나타난다.

¿Podrías ayudarme? 나를 도와줄 수 있겠니?

No deberías comer hamburguesas. 너 햄버거 먹지 말아야 할 텐데...

Preferiríamos las instrucciones en español.

지시사항이 스페인어로 되어 있으면 더 좋겠는데요.

Me gustaría comprar los adornos para la fiesta.

파티를 위한 장식을 사고 싶은데요.

¿No le molestaría si yo abro la ventana? 창문을 열어도 괜찮을까요?

연습 문제

(문제 1) 괄호 안의 동사를 미래시제로 바꾸시오.

1. Mañana yo te (llamar) por teléfono.
2. Algún día tú (saber) la verdad.
3. ¿Cuándo me (dar) ellos un empleo?
4. ¿A qué hora (salir) ella esta tarde?
5. ¿Quién (preparar) el desayuno hoy?
6. ¿Qué (pensar) ellos de mi vestido?
7. Mis abuelos (venir) a mi casa el próximo sábado.
8. Nosotros no (terminar) el trabajo esta semana.
9. Si llueve mucho, Uds. no (poder) ir de excursión.
10. Tiene un acento extraño; ¿(ser) extranjero?

(문제 2) 괄호 안의 동사를 미래시제 혹은 조건시제로 바꾸시오.

1. Promete que me (llevar) a la fiesta este sábado.
   Prometió que me (llevar) a la fiesta este sábado.
2. ¿A qué hora llega el tren? (Llegar) a las siete.
   ¿A qué hora llegó el tren? (Llegar) a las siete.

3. ¿A dónde (ir) el chico anoche a esas horas?

   Tocan a la puerta. ¿Quién (ser) a estas horas?

4. Dijo que (faltar) a clase el próximo lunes.

   Dice que su padre (salir) del hospital este domingo.

5. ¿Dónde (vivir) ella ahora?

   ¿Cuántos años (tener) mi hermano en esa foto?

(문제 3) 다음을 스페인어로 옮기시오.

1. 그녀는 다음 주에 나랑 같이 파티에 갈 것이다.
2. 열심히 일하면 좋은 결과를 얻을 것이다.
3. 일을 제 시간에 끝내면 당신들은 쉴 수 있을 것입니다.
4. 제 여행계획에 대해 당신과 이야기를 좀 했으면 하는데요.
5. 그가 내 생각을 한다면 빨리 돌아올 것이다.
6. 엄마는 아이에게 스파게티를 사 주겠다고 약속했다.
7. 이번 성탄절에는 비행기표를 살 수 없어서 여행을 하지 않을 거라고 말했다.
8. 그녀가 화가 나 있을까? 그녀에게 무슨 말을 해야 할까?

Capítulo 13

재귀대명사(Pronombres reflexivos)

동사의 행위를 수행하는 자(주어)와 그 행위를 받는 자(목적어)가 동일할 경우, 행위를 받는 자가 재귀대명사로 나타난다.

Ella lo conoce bien. 그녀는 그를 잘 안다.
Ella **se** conoce bien. 그녀는 자신을 잘 안다.

하지만 스페인어에서는 재귀대명사가 이런 용도 외에 다른 용도로도 많이 사용된다.

1. 재귀대명사의 형태와 위치

① 재귀대명사가 동사의 목적어 역할을 할 경우 그 형태는 다음과 같다.

	단수	복수
1인칭	me	nos
2인칭	te	os
3인칭	se	se

② 목적격 인칭대명사와 마찬가지로, 재귀대명사 역시 일반적으로는 동사 앞

에 위치하며, 동사가 동사원형, 현재분사, 긍정명령의 형태인 경우 동사 바로 뒤에 붙어 나오거나 조동사 앞에 위치할 수 있다.

Me baño con agua fría. 나는 찬물로 목욕한다.

¿**Se** siente triste sin ella? 그녀가 없어서 슬프세요?

Nos casamos este año. 우리는 올해 결혼한다.

¿Vas a ducharte ahora? 지금 샤워할거니?

¿**Te** vas a duchar ahora?

Están reuniéndo**se** para cenar. 그들은 저녁식사를 위해 모이고 있다.

Se están reuniendo para cenar.

Láva**te** las manos ahora mismo. 지금 당장 손을 씻어라.

③ 재귀대명사가 전치사 뒤에 올 경우, 3인칭에서는 'sí'로 바뀌며 con 뒤에서는 consigo가 된다. 1인칭, 2인칭에서는 전치격 인칭대명사(9과)와 형태가 같다.[10] 전치사 뒤에 재귀대명사가 올 때 재귀 의미를 강조하기 위해 mismo가 첨가되기도 하는데, 이 mismo는 성, 수 변화를 한다.

El comerciante trabaja solo para **sí**.

그 상인은 자기 자신만을 위해 일한다.

Ella no confía en **sí** misma. 그녀는 자기 자신을 믿지 못한다.

Yo estoy seguro de **mí** mismo. 나는 나 자신에 대해 확신한다.

Él se enojaba **consigo**. 그는 자기 자신에 대해 화를 내곤 했다.

¿Uds. están contentas **consigo** mismas?

당신들은 스스로에 대해 만족하나요?

10) 재귀대명사 전치격 형태

	단수	복수
1인칭	mí	nosotros/-as
2인칭	ti	vosotros/-as
3인칭	sí	sí

A veces dudamos de **nosotros** mismos.
때때로 우리는 스스로에 대해 의심한다.

2. 재귀대명사의 용법

1) **재귀 용법**: 타동사의 목적어(직접 및 간접목적어)로 사용되며, '자기', '자신' 등의 의미를 가진다.

No **te** conoces. 너는 자신을 모르는구나.
Si **te** miras en el espejo, verás la diferencia.
거울을 보면 차이를 알게 될 거야.
Ella **se** cuida mucho, por eso se ve joven.
그녀는 자신을 잘 가꾼다. 그래서 젊어 보인다

Nos preguntamos sobre la posibilidad. 우리는 그 가능성에 대해 자문한다.
Pedro **se** contesta todas las dudas. 뻬드로는 모든 의문에 스스로 답한다.

재귀대명사를 강조하기 위해 다음과 같이 중복형이 첨가되기도 한다.

No **te** conoces **a ti**.
Ella **se** cuida mucho **a sí misma**.
Nos preguntamos **a nosotros** sobre la posibilidad.

2) **상호 용법**: 복수인 주어가 서로 간에 동사의 행위를 주고받는 경우이다. 우리말로는 '서로서로, 상호간에' 등으로 해석되며, 의미를 강조하기 위해 uno a otro, unos a otros, mutuamente, entre sí 등과 같은 표현을 동반할 수도 있다.

Ellos **se** escriben cartas. 그들은 서로 편지를 쓴다.
Los invitados no **se** conocen bien unos a otros.
손님들은 서로 잘 모른다.
Mis padres y yo **nos** comprendemos bien.
부모님과 나는 서로 잘 이해한다.

Nos ayudamos en el trabajo. 직장에서 우리는 서로 돕는다.

Se saludaron mutuamente antes de entrar.
그들은 입장하기 전에 상호간에 인사를 나누었다.

Se miran y **se** sonríen uno a otro. 그들은 서로 바라보고 미소 짓는다.

Nos enamoramos en cuanto **nos** vimos. 우리는 만나자마자 사랑에 빠졌다.

3) 타동사에 재귀대명사가 붙어 **일상생활과 관련되는 행위**를 나타낸다.

levantarse 일어나다 despertarse (잠을) 깨다 acostarse 눕다
lavarse 씻다 bañarse 목욕하다 ducharse 샤워하다 sentarse 앉다
ponerse (옷, 신발...) 입다 quitarse (옷, 신발...) 벗다 casarse 결혼하다
vestirse 옷 입다 afeitarse 면도하다 peinarse 머리 빗다
mirarse en el espejo 거울보다 cepillarse 양치하다 maquillarse 화장하다

Rodolfo levanta a su hijo de la cama. 로돌포는 침대에서 아들을 일으킨다.
La chica **se** levanta a las siete. 소녀는 일곱 시에 일어난다.

Me despertaste con el ruido. 너는 시끄러운 소리로 나를 깨웠다.
Me desperté varias veces anoche. 나는 어젯밤에 여러 번 깼다.

Sentaré a los invitados por aquí. 손님들을 여기에 앉힐 것이다.
Me sentaré junto a ti. 나는 네 곁에 앉을 거다.

Le quito el sombrero al muchacho. 나는 소년의 모자를 벗긴다.
Nos quitamos los zapatos para entrar. 들어가려고 신발을 벗는다.

El sacerdote casó a la pareja. 사제가 그 커플을 결혼시켰다.
Se casaron en Las Vegas. 그들은 라스베가스에서 결혼했다.

La enfermera afeita al enfermo. 간호사가 환자를 면도한다.
Se afeita frente al espejo. 거울 앞에서 면도한다.

이런 종류의 표현들 중 일부는 목적어를 취할 수도 있다. 목적어로는 주로 신체 일부나 의복 등이 나타나며, 목적어에는 소유사가 아니라 정관사가 사용된다.

Me lavo los pies con agua caliente. 나는 따뜻한 물로 발을 씻는다.
(X) Me lavo mis pies con agua caliente.

La señorita no quiere ponerse el sombrero.
그 아가씨는 모자를 쓰고 싶어 하지 않는다.
Se limpia la boca con una servilleta. 냅킨으로 입을 닦는다.

4) 재귀대명사가 동사에 붙어 숙어처럼 쓰이는 경우가 있다. 이 경우 특정 전치사를 동반할 때가 많다.

La chica **se** llama Alejandra. 소녀는 이름은 알레한드라이다.
Me parezco a mi padre. 나는 아버지를 닮았다.
Nos preocupamos por tu salud. 우리는 네 건강이 걱정이다.
Se equivoca; ellos no **se** ríen de Ud.
잘못 알고 계십니다. 그들은 당신을 비웃지 않습니다.
Te enfadas con los estudiantes pero ellos no son culpables.
너는 학생들에게 화를 내지만 그들은 잘못이 없어.
Los coreanos no **se** olvidan de la Copa Mundial 2002.
한국인들은 2002년 월드컵을 잊지 못한다.
María **se** dedica a la arquitectura. María는 건축에 종사한다.
Me refiero a otra persona, no a ti.
난 네가 아니라 다른 사람 얘기를 하는 거야.

다음의 동사들은 항상 재귀대명사를 동반한다.

El pobre poeta **se** suicidó muy joven.
그 불쌍한 시인은 아주 젊어서 자살했다.
Se quejan de tantas fiestas. 파티가 너무 많아 불평한다.

No **me** arrepiento de mi pasado. 나는 과거에 대해 후회하지 않는다.
No **me** atrevo a hacer un largo viaje. 나는 감히 긴 여행은 하지 못한다.

5) ir, comer, morir 등의 동사에 재귀대명사가 붙으면 동사의 기본 의미에 특정한 변화가 더해진다.

① ir 가다, 이동하다 irse 떠나다, 가버리다

Van al cine con frecuencia. 자주 영화관에 간다.
Fui a la fiesta ayer. 어제 파티에 갔다.
¿Cuándo vas a descansar? 언제 쉴 거니?

Se fueron sin despedirse de mí. 내게 작별인사도 하지 않고 가버렸다.
Se fue y olvidó el paraguas. 가버렸는데 우산은 잊었다.
Cuando **te** fuiste, te extrañé mucho.
네가 떠났을 때, 나는 네가 무척 그리웠다.

② comer 먹다 comerse 다 먹어버리다, 먹어치우다

Comemos sin pensar en la dieta.
우리는 다이어트를 생각하지 않고 먹는다.
Comerán pescado y ensalada. 그들은 생선과 샐러드를 먹을 거다.
Comí con mi familia en un restaurante chino.
중국식당에서 가족과 함께 식사했다.

¿**Nos** comemos estos dulces? 이 사탕들을 다 먹어치울까?
Se comerán el pescado y la ensalada.
그들은 그 생선과 샐러드를 다 먹어 치울 거다.
Me comí una pizza yo solo. 나 혼자 피자 한 판을 다 먹었다.

③ morir 죽다 morirse 죽을 뻔하다, 갑자기 죽다

Murió a los ochenta años. 그는 80세에 죽었다.

Mucha gente muere por el huracán. 많은 사람들이 태풍으로 죽는다.

Él murió por su patria, estoy segura.

내가 확신하건데, 그는 조국을 위해 죽었다.

Me moría de miedo. 무서워 죽을 뻔 했다.

Nos moriremos de hambre por tu culpa. 네 탓에 우리는 배고파 죽겠다.

Se murió anoche de repente. 그는 어제 밤에 갑자기 죽었다.

6) **비인칭 용법**: 문장의 주어가 일반적, 집단적, 불특정적 성격의 '사람, 사람들 혹은 어떤 사람'으로 해석된다. 하지만 그 주어에 해당하는 명사는 나타나지 않는다. 3인칭 형태인 'se'만 사용되며, 동사도 3인칭 단수형으로만 나타난다.

Se gana mucho dinero en el futbol. 축구에서 많은 돈을 번다.

Aquí **se** vende coche usado. 여기서 중고차를 판다.

En esta cafetería no **se** sirve café antes de las nueve.

이 카페에서는 9시 전에는 커피를 주지 않는다.

En Estados Unidos **se** habla inglés y español.

미국에서는 영어와 스페인어를 쓴다.

En Corea **se** bebe soju. 한국에서는 소주를 마신다.

Se ayuda a los pobres de África. 아프리카의 가난한 사람들을 돕는다.

En Nochebuena, **se** cena con los amigos.

성탄전야에는 친구들과 만찬을 한다.

Se dice que suben los precios. 물가가 오른다고 하더라.

cf. Dicen que suben los precios.

La gente dice que suben los precios.

7) **수동 용법**: 보통 주어가 무생물이며, 전치사 por에 의한 행위자는 나타나지 않는다. 3인칭 형태인 'se'만 사용되고, 동사가 주어를 선행하는 경우가 많다.

Se prohibe el paso. 통행금지 (통행이 금지된다.)

Se rompió el cristal. 유리가 깨졌다.

Se dan las noticias por la radio internacional.
국제 라디오방송으로 뉴스가 전해진다.

Hoy **se** realiza una reunión importante. 오늘 중요한 회의가 열린다.

Se cerraron los bancos por la huelga. 파업으로 은행이 닫혔다.

Se envió la carta ayer. 편지가 어제 발송되었다.

Se prefieren hombres fuertes para el trabajo.
그 일자리에는 힘센 남자들이 선호된다.

cf. **Se** me descompuso el coche. 내 차가 고장 났다.
Se le acabó el dinero. 그는 돈이 떨어졌다.

연습 문제

(문제 1) 괄호 안의 재귀동사를 현재시제로 바꾸어 문장을 완성하시오.

1. ¿Cómo (llamarse) ella?
2. ¿Tú (ponerse) el abrigo en primavera?
3. ¿A qué hora (acostarse) Uds.?
4. Luis (lavarse) las manos antes de comer.
5. Yo (limpiarse) la cara con el pañuelo.
6. ¿Con qué vas a (afeitarse) tú?
7. ¿Cuántas veces (ducharse) vosotros a la semana?
8. Los españoles no (quitarse) los zapatos en casa.
9. Nosotros (bañarse) con agua fría aun en invierno.
10. Los viejos quieren (sentarse) al sol.

(문제 2) 다음 짝지어진 두 문장의 의미차이를 설명하시오.

1. Ella lo sienta en el sofá.
   Ella se sienta en el sofá.
2. Marta siempre habla de ella.
   Marta siempre habla de sí.
3. Mi madre me levanta temprano.
   Mi madre se levanta temprano.

4. Se ayudan los pobres viejos unos a otros.

   Se ayuda a los pobres viejos.

5. Se lava a los niños.

   Se lavan los niños.

(문제 3) 다음을 스페인어로 옮기시오.

1. 그는 겨울에 찬물로 샤워를 한다.
2. 나는 어젯밤 운동을 한 후 일찍 잠자리에 들었다.
3. 그는 매일 아침에 일어나면 목욕을 한다.
4. 성탄절파티에서 손님들이 서로 인사를 나눈다.
5. 부모님은 항상 자식걱정이다. 하지만 자식들은 자기들만 생각한다.
6. 친구들이 피자를 다 먹어버렸다. 배가 고파 죽을 지경이다.
7. 그의 딸은 24살에 간호사가 되었다.
8. 그 연인들은 서로 사랑하지만 결혼하는 것은 거부한다.
9. 이 식당에는 생선요리는 나오지 않는다고 한다.

Capítulo 14

접속법(Modo subjuntivo)과 명령문(Imperativas)

법(Modo)은 동사가 나타내는 행위나 상태가 실제 실현된 것인가 아닌가를 나타낸다. 어떤 일이 이미 일어났거나 일어난다고 알고 있는 경우, 믿는 경우에는 주로 **직설법**(Modo indicativo)이 사용되며, 아직 일어나지 않은 일에 대해 언급하는 경우에는 **접속법**이 사용된다.

Él **vive** en El Paso. 그는 엘빠소에 산다.
Sé que él **vive** en El Paso. 나는 그가 엘빠소에 산다는 것을 안다.
Creo que él **vive** en El Paso. 나는 그가 엘빠소에 산다고 생각한다.

Espero que él **viva** en El Paso. 나는 그가 엘빠소에 살기를 기대한다.
Es posible que él **viva** en El Paso. 그가 엘빠소에 살 가능성이 있다.

1. 접속법 현재(Presente de subjuntivo)

1) 접속법 현재의 형태: 주로 직설법 현재 1인칭 단수 형태를 변형시켜 만든다.

① **규칙변화**: 직설법 현재 1인칭 단수 형태에서 어미 –o를 없애고 접속법 어미를 붙인다. 접속법 어미는, –ar 동사는 **–e, –es, –e, –emos, –éis, –en** 이고, –er 및 –ir 동사는 **–a, –as, –a, –amos, –áis, –an** 이다.

	동사원형	1인칭 단수	2인칭 단수	3인칭 단수	1인칭 복수	2인칭 복수	3인칭 복수
제1변화형	amar (amo)	ame	ames	ame	amemos	améis	amen
제2변화형	comer (como)	coma	comas	coma	comamos	comáis	coman
제3변화형	vivir (vivo)	viva	vivas	viva	vivamos	viváis	vivan

② **불규칙변화**

ⓐ 직설법 현재 1인칭 단수 형태에서 불규칙을 보이는 동사는 대부분 접속법 현재에서도 같은 유형의 불규칙을 보인다.

pensar (pienso): piense pienses piense pensemos penséis piensen
querer (quiero): quiera quieras quiera queramos queráis quieran
poder (puedo): pueda puedas pueda podamos podáis puedan
volver (vuelvo): vuelva vuelvas vuelva volvamos volváis vuelvan
pedir (pido): pida pidas pida pidamos pidáis pidan

hacer (hago): haga hagas haga hagamos hagáis hagan
decir (digo): diga digas diga digamos digáis digan
salir (salgo): salga salgas salga salgamos salgáis salgan
poner (pongo): ponga pongas ponga pongamos pongáis pongan
oír (oigo): oiga oigas oiga oigamos oigáis oigan
traer (traigo): traiga traigas traiga traigamos traigáis traigan
venir (vengo): venga vengas venga vengamos vengáis vengan
seguir (sigo): siga sigas siga sigamos sigáis sigan

conocer (conozco): conozca conozcas conozca conozcamos conozcáis conozcan
huir (huyo): huya huyas huya huyamos huyáis huyan

exigir (exijo): exija exijas exija exijamos exijáis exijan

caber (quepo): quepa quepas quepa quepamos quepáis quepan

ⓑ 접속법 어미가 동사어간의 원래의 발음을 변화시킬 경우, 그 원래의 발음을 유지시키기 위해 철자를 바꾸어 준다.

c → qu tocar (toco): toque toques toque toquemos toquéis toquen

buscar (busco): busque busques busque busquemos busquéis busquen

g → gu llegar (llego): llegue llegues llegue lleguemos lleguéis lleguen

pagar (pago): pague pagues pague paguemos paguéis paguen

z → c cruzar (cruzo): cruce cruces cruce crucemos crucéis crucen

empezar (empiezo): empiece empieces empiece empecemos empecéis empiecen

ⓒ – ir 동사 중 일부는 접속법 1인칭 복수, 2인칭 복수에서 어간 모음이 **e → i, o → u**로 바뀐다.

sentir (siento): sienta sientas sienta sintamos sintáis sientan

dormir (duermo): duerma duermas duerma durmamos durmáis duerman

morir (muero): muera mueras muera muramos muráis mueran

preferir (prefiero): prefiera prefieras prefiera prefiramos prefiráis prefieran

divertir (divierto): divierta diviertas divierta divirtamos divirtáis diviertan

ⓓ 다음 동사들의 접속법 현재 형태는 아주 불규칙하며, 직설법현재 1인칭 단수 형태와도 무관하다.

dar: dé des dé demos deis den

ser: sea seas sea seamos seáis sean

estar: esté estés esté estemos estéis estén

saber: sepa sepas sepa sepamos sepáis sepan

haber: haya hayas haya hayamos hayáis hayan

ir: vaya vayas vaya vayamos vayáis vayan

2) 접속법 현재의 용법: 접속법은 주로 **복문의 종속절**에 나타나는데, 그 종속절의 성격에 따라 **명사절, 부사절, 형용사절** 등으로 구분할 수 있다. 접속법 미래는 쓰이지 않으며, 대신 접속법 현재를 사용한다.

① **명사절에 나타나는 접속법 현재**: 접속법이 나타나는 절이 문장에서 목적어나 주어의 기능을 하는 경우이다.

ⓐ **목적어의 기능을 하는 경우**

㉠ **주절 동사의 의미적 성격**에 따라 목적어절에 직설법 혹은 접속법이 나타난다. 목적어절의 내용이 실제 일어난 것이라고 판단될 경우 직설법이 사용되며, 그렇지 않은 경우 접속법이 사용된다.

Sé que **estás** feliz por tu cumpleaños.
나는 네가 생일을 맞아 행복하다는 것을 안다.
Espero que **estés** feliz por tu cumpleaños.
나는 네가 생일을 맞아 행복하기를 바란다.

Tus padres creen que **estudias** mucho.
부모님은 네가 공부를 열심히 한다고 믿는다.
Tus padres dudan que **estudies** mucho.
부모님은 네가 공부를 열심히 하는지 의심한다.

㉡ **목적어절에 접속법을 요구하는 동사들**: 주로 소망, 의지, 의문, 충고, 명령 등의 의미를 갖는 동사들이다. 예를 들면 desear, querer, preferir, esperar, proponer, recomendar, pedir, insistir, dudar, negar, necesitar, mandar, ordenar, permitir, prohibir, aconsejar, impedir, exigir 등이다.

Necesito que aprendas español.
나는 네가 스페인어를 배우는 것이 필요하다.
Proponen que comamos fuera de casa.
그들은 우리에게 외식할 것을 제안한다.
El profesor pide que lleguen temprano.
교수님은 일찍 오라고 요구하신다.
Niegan que ella sea muy seria.
그녀가 아주 진지하다는 것을 부인한다.
Ordenan que cierre la puerta con cuidado.
조심해서 문을 닫으라고 명령한다.
No permiten que entremos tarde a la clase.
강의실에 늦게 들어가는 것을 허용하지 않는다.
Le exigimos que use el cinturón de seguridad.
우리는 그에게 안전벨트를 착용하라고 요구한다.

㉢ 접속법이 나타나기 위해서는 수절의 주어와 목적어절의 주어가 달라야 한다. 만약 두 주어가 같다면 동사원형, 즉 부정사(infinitivo)가 목적어로 나타난다.

Necesito aprender español. 나는 스페인어 배우는 것이 필요하다.
Necesito que aprendas español.
나는 네가 스페인어 배우는 것이 필요하다.

Esperan encontrar trabajo. 그들은 직장을 구하고 싶어 한다.
Esperan que ella encuentre trabajo.
그들은 그녀가 직장을 구하기 바란다.

㉣ **주절 동사가 감정을 나타내는 경우**, 예를 들면 alegrarse (de), lamentar, tener miedo (de), sentir, temer 등이 주절에 나타날 경우, 목적어절의 내용이 실제 일어난 일이더라도 직설법이 아니라 접속법이 사용된다.

Nos alegramos de que seas el nuevo empleado.
우리는 네가 새 직원이 된 것이 기쁘다.
Lamentamos que trabajen en las vacaciones.
우리는 그들이 휴가 때 일을 하는 게 애석하다.
Tengo miedo de que me olvides. 네가 나를 잊을까 두렵다.
Siento que no pueda ayudarme.
당신이 저를 도울 수 없어 유감이네요.

㉤ creer, pensar 등과 같이 **믿음과 관련되는 동사**는 긍정문일 경우 직설법이, 부정문일 경우 접속법이 각각 사용된다. 의문문인 경우는 믿음의 정도에 따라 직설법이 올 수도 있고 접속법이 올 수도 있다.

Pienso que nos reuniremos en el parque.
나는 우리가 공원에서 모일 거라고 생각한다.
No pienso que nos reunamos en el parque.
나는 우리가 공원에서 모일 거라고 생각하지 않는다.

Creen que te gusta el equipo.
그들은 네가 그 팀을 좋아할 거라 믿는다.
No creen que te guste el equipo.
그들은 네가 그 팀을 좋아할 거라고 믿지 않는다.

¿Piensas que hace calor en la habitación? 방이 덥다고 생각하니?
¿Piensas que haga calor en la habitación?

ⓑ **주어의 기능을 하는 경우**: 주로 'ser + 형용사 + que' 형태로 나타난다.

㉠ ser 동사 뒤의 형용사가 **불확실성, 가능성, 필요성, 의문** 등을 나타내는 경우, 예를 들면 es posible, es imposible, es probable, es necesario, es importante, es dudoso, es bueno, es malo, es aconsejable, es conveniente, es difícil, basta, importa 등이 주절에 나타날 경우 종속절에 접속법이 사용된다.

Es posible que ella gane mucho dinero.

그녀가 돈을 많이 벌수도 있다.

Es imposible que cante ahora, estoy enferma.

지금 노래하는 것은 불가능해요. 몸이 아파요.

Es importante que conozcamos a nuestros alumnos.

우리는 학생들을 아는 것이 중요하다.

Es dudoso que hagan ejercicio. 그들이 운동을 하는지 의문이다.

Es bueno que subas con cuidado.

너는 조심해서 올라가는 것이 좋다.

No es aconsejable que camines sola.

네가 혼자 걷는 것은 권할만하지 않다.

ⓛ ser동사 뒤의 형용사가 **확실성**을 나타낼 경우, 예를 들면 es cierto, es verdad, es indudable, es evidente, es seguro, es/está claro, no hay duda de que 등이 주절에 나타나면 종속절 동사는 직설법으로 나타난다.

Es cierto que debe marcharse.

그가 떠나야 한다는 것이 확실하다.

Es verdad que el español es interesante.

스페인어가 재미있는 건 사실이다.

Es indudable que están todos de acuerdo.

모두가 동의한다는 것은 의심의 여지가 없다.

Está claro que ellos trabajan juntos.

그들이 함께 일하는 게 분명하다.

ⓒ 주절과 종속절의 주어가 같을 때, 즉 둘 다 비인칭 주어일 때는 동사 원형이 나타난다.

Es bueno tener paciencia. 인내심을 가지는 것이 좋다.

Es bueno que él tenga paciencia.

그가 인내심을 가지는 것이 좋겠다.

Es necesario ir al médico. 의사한테 갈 필요가 있다.

Es necesario que vayas al médico. 너는 의사한테 갈 필요가 있다.

㉣ 주절의 술어가 **감정**을 나타내는 경우, 예를 들면 es una lástima, es lamentable, es una pena, es sorprendente, preocupar, es una suerte, es triste 등이 주절에 나타날 경우 실제 일어난 일이더라도 접속법이 사용된다.

Es una lástima que no me entiendas.
네가 날 이해 못하는 것이 유감이다.

Es una pena que haya pocos hombres en esta reunión.
이 모임에 사람이 적다는 것이 마음 아프다.

Es sorprendente que hable tan bien en poco tiempo.
짧은 시간에 그렇게 말을 잘 한다는 것이 놀랍다.

No me gusta que hablen sin cortesía.
그들이 무례하게 말하는 게 싫다.

㉤ 일부 술어의 경우 긍정문에서는 직설법이, 부정문에서는 접속법이 사용되며, 반대로 긍정문에서는 접속법이 사용되고 부정문에서는 직설법이 사용되는 경우도 있다.

Es cierto que llegamos a tiempo.
우리가 제 시간에 도착한다는 것은 확실하다.

No es cierto que lleguemos a tiempo.
우리가 제 시간에 도착할지 확실하지 않다.

Es dudoso que termine para mañana. 내일쯤 끝날지 의심스럽다.

No es dudoso que termina para mañana.
내일쯤 끝난다는 것은 의심할 바 없다.

Parece que está preocupado por mí. 내 걱정을 하는 것 같다.

No parece que esté preocupado por mí.
내 걱정을 하는 것 같지 않다.

② **부사절에 나타나는 접속법 현재**: 부사절 내의 행위나 사실이 실제 일어난 것이거나 혹은 습관적으로 일어나는 것인 경우 직설법이 사용되며, 아직 일어나지 않은 일을 언급하는 경우 접속법이 사용된다. 일반적으로 **원인, 결과**의 부사절에는 직설법이, **목적, 가정(si 제외)** 등의 부사절에는 접속법이 사용되며, **시간, 양보, 방법, si 가정문**에서는 직설법과 접속법이 모두 나타날 수 있다.

ⓐ **직설법이 나타나는 경우**

㉠ **원인**의 부사절

Te dejo porque pareces ocupado. 네가 바빠 보여서 난 간다.

Caminan juntos porque van al mismo lugar.

같은 곳으로 가기 때문에 함께 걷는다.

Estudiamos pintura puesto que nos interesa el arte.

우리는 예술에 관심이 있어서 미술을 공부한다.

Somos amigos ya que nos conocimos en la universidad.

우리는 대학에서 서로 알게 되어 친구다.

㉡ **결과**의 부사절

Tú explicas muy bien, por eso no hay dudas.

네가 설명을 아주 잘 해서 의문점이 없다.

Tenemos muchas clases, por eso no hay tiempo para descansar.

우리는 수업이 많아서 쉴 시간이 없다.

Me ayudan siempre, por consiguiente, estoy muy agradecida.

저를 항상 도와주셔서 아주 고맙게 생각합니다.

Hoy es tu cumpleaños, por lo tanto, puedes decidir.

오늘은 네 생일이니까 네가 결정해도 돼.

ⓑ 접속법이 나타나는 경우

㉠ **목적**의 부사절

Van a la discoteca para que Cristy aprenda a bailar.
끄리스띠가 춤을 배우도록 그들은 디스코텍에 간다.
Hablo despacio para que me entiendas.
네가 나를 이해하도록 천천히 말한다.
Canto en voz baja para que se duerma el niño.
아이가 잠이 들도록 나는 낮은 목소리로 노래한다.
Le envía flores con el fin de que su novia lo perdone.
그는 애인이 그를 용서하도록 꽃을 보낸다.

㉡ **가정**의 부사절: si 이외의 가정 접속사가 나타날 경우

Tienes que buscar a un policía en caso de que te pierdas.
길을 잃을 경우 경찰관을 찾아야 한다.
Nos veremos el sábado en caso de que no tengamos otro compromiso.
우리는 다른 약속이 없을 경우 토요일에 만날 거다.
Iremos a la fiesta en caso de que prometas no beber.
네가 술을 마시지 않겠다고 약속하면 파티에 갈 것이다.
No te escuchará a menos que grites más fuerte.
더 크게 소리치지 않으면 그는 네 말을 듣지 못할 것이다.

ⓒ 직설법과 접속법이 모두 나타날 수 있는 경우

㉠ **시간**의 부사절

Cuando tengo noticias, siempre te llamo.
소식 있으면 항상 네게 전화한다.
Cuando tenga noticias, te llamaré.
소식이 있으면 네게 전화할게.

Fui al concierto cuando terminó la cena.
저녁식사를 마치고 음악회에 갔다.
Iré al concierto cuando termine la cena.
저녁식사를 마치고 음악회에 갈 것이다.

Hizo la tarea en cuanto se sintió mejor.
몸이 좀 나아지자 과제를 했다.
Hará la tarea en cuanto se sienta mejor.
몸이 좀 나으면 과제를 할 것이다.

Cantó después de que practicó mucho.
많이 연습한 후 노래를 불렀다.
Podrás salir después de que termines tu trabajo.
너는 일을 마친 뒤 나갈 수 있을 것이다.
Voy a limpiar la casa antes de que lleguen mis padres.
부모님이 도착하시기 전에 집을 치울 것이다.

ⓛ **양보**의 부사절

Aunque es correcto, no estoy de acuerdo.
맞지만 나는 동의하지 않는다.
Aunque sea correcto, no estoy de acuerdo.
맞다 하더라도 나는 동의하지 않는다.

Debemos aprender español aunque es difícil.
어렵지만 우리는 스페인어를 배워야 한다.
Debemos aprender español aunque sea difícil.
어렵다 하더라도 우리는 스페인어를 배워야 한다.

Asistirá a clases a pesar de que está enfermo.
몸이 아프지만 수업에 출석할 것이다.
Asistirá a clases a pesar de que esté enfermo.
몸이 아프다 하더라도 수업에 출석할 것이다.

Somos buenos amigos aunque tenemos diferente edad.
나이는 다르지만 우리는 좋은 친구이다.
Seremos buenos amigos aunque no nos veamos con frecuencia.
설사 자주 만나지 못한다 하더라도 우리는 좋은 친구가 될 거다.

ⓒ **방법**의 부사절

Lo escribiremos como tú dices.
우리는 네가 말하는 대로 그걸 쓸 것이다.
Lo escribiremos como tú digas.

Voy a hacerlo como desean mis padres.
나는 부모님이 원하시는 대로 그걸 할 것이다.
Voy a hacerlo como deseen mis padres.

Puedes estudiar como quieres.
너는 네가 원하는 대로 공부할 수 있다.
Puedes estudiar como quieras.

Seguiré las instrucciones tal como dices.
네가 말하는 대로 지시사항을 따를 거야.
Seguiré las instrucciones tal como digas.

③ **접속법이 단문에 나타나는 경우**: 접속법은 주로 복문의 종속절에 나타나지만 다음과 같은 경우에는 단문에 나타날 수 있다.

ⓐ 기원의 감탄사 Ojalá가 나오는 경우; 접속사 que가 나타날 수도 있다.

Ojalá que me llame pronto. 내게 빨리 전화했으면...
¡Ojalá vengas algún día! 네가 언젠가 오기를...!
Ojalá cambiemos su carácter. 그의 성격을 바꿀 수 있기를...
¡Ojalá que disfrutemos este viaje!
우리가 이 여행을 즐기게 되기를...!

ⓑ 추측의 부사 **tal vez, quizá(s)** 등이 나오는 경우; 이 경우에는 실현가능성의 정도에 따라 직설법이 나타날 수도 있다.

Tal vez te inviten a cenar.
아마 그들이 너를 저녁식사에 초대할 거다.
Tal vez no tengamos clase pasado mañana.
어쩌면 모레 수업이 없을 거다.
Quizás no haya examen final. 아마 기말고사가 없을 거야.
Quizá no sea conveniente visitarla.
어쩌면 그녀를 방문하는 것이 적절하지 않을 거다.

ⓒ 소망이나 권유, 명령을 나타내는 **'Que + 접속법'**의 경우

Que la pases bien. 잘 지내길 바래.
Que te vaya bien en todo. 네게 모든 일이 잘 되길 바래.
¡Que seas feliz! 네가 행복했으면 해!
Que te vayas. 좀 가주면 좋겠다.
Que tengas una semana excelente. 멋진 한 주가 되길 바래.
¡Que descanses! 좀 쉬어!

2. 명령문(Oraciones imperativas)

명령은 긍정명령과 부정명령이 있다. 명령의 대상은 2인칭 단수, 복수인 tú와 vosotros, 3인칭 단수, 복수인 Ud.과 Uds., 1인칭 복수인 nosotros가 있으며, 이 중 1인칭 복수에 대한 명령은 권유, 청유의 의미를 갖는다.

명령은 상대방의 감정을 상하게 할 수 있으므로 주의해서 사용해야 한다. 일상회화에서 명령문을 사용할 때는 'por favor'를 붙여 표현을 순화시키거나, 명령문 대신 다른 표현을 사용하여 명령의 뜻을 우회적으로 전하는 것이 좋다. 이는 3인칭 Ud. Uds.에 대한 명령에서도 마찬가지이다.

Hable en voz baja, por favor. 미안하지만 낮은 목소리로 말씀해 주세요.
¿Podría hablar en voz baja? 낮은 목소리로 말씀해 주실 수 있나요?
Que hable en voz baja. 낮은 목소리로 말씀해 주시기를 (바래요.)
Me gustaría que hablara en voz baja. 낮은 목소리로 말해주시면 좋겠네요.

1) **동사의 명령형: 2인칭 단수, 복수에 대한 긍정명령**인 경우를 제외하고는 모두 접속법 현재와 형태가 동일하다.

① **긍정명령 형태**: 2인칭 단수 긍정명령 형태는 직설법 현재 3인칭 단수 형태와 동일하며, 2인칭 복수 긍정명령 형태는 동사원형에서 –r을 제거하고 –d를 붙여준다. 나머지는 모두 접속법 현재와 형태가 동일하다.

	2인칭 단수	3인칭 단수	1인칭 복수	2인칭 복수	3인칭 복수
comprar	compr**a**	compr**e**	compr**emos**	compra**d**	compr**en**
vender	vend**e**	vend**a**	vend**amos**	vende**d**	vend**an**
recibir	recib**e**	recib**a**	recib**amos**	recibi**d**	recib**an**

Compra pan, leche y mantequilla. 빵과 우유, 버터를 사라.
Venda los juguetes usados. 중고 장난감 파세요.
Reciban a los invitados con una sonrisa. 미소로 손님들을 맞으세요.
Escribe tu nombre completo. 이름 전체를 적어라.
Hablen rápida y claramente. 빨리 그리고 분명하게 말씀하세요.
¡Entra ahora mismo! 지금 당장 들어오너라!

② **부정명령 형태**: 접속법 현재와 형태가 동일하다.

	2인칭 단수	3인칭 단수	1인칭 복수	2인칭 복수	3인칭 복수
comprar	no compr**es**	no compr**e**	no compr**emos**	no compr**éis**	no compr**en**
vender	no vend**as**	no vend**a**	no vend**amos**	no vend**áis**	no vend**an**
recibir	no recib**as**	no recib**a**	no recib**amos**	no recib**áis**	no recib**an**

No compres pan, leche ni mantequilla. 빵도 우유도 버터도 사지 마라.
No venda los juguetes usados. 중고 장난감을 팔지 마세요.
No reciban a los invitados con una sonrisa. 미소로 손님을 맞지 마세요.
No caminen tan aprisa. 그렇게 바쁘게 걷지 마세요.
No traiga muchos invitados. 손님을 많이 데려오지 마세요.
No confiemos en ella. 그녀를 믿지 맙시다.

③ 명령형의 불규칙 형태: **2인칭 단수 긍정명령**인 경우에 한하여 다음 동사들이 불규칙 명령형태를 갖는다. 하지만 이들도 부정명령에서는 규칙 명령형태를 따른다.

salir – **sal**	venir – **ven**	poner – **pon**	tener – **ten**
decir – **di**	hacer – **haz**	ser – **sé**	ir – **ve**

Sal de la casa. 집에서 나가.
Di la verdad cuando sea necesario. 필요할 때 진실을 말해.
Ve por allá. 그쪽으로 가봐.
Pon los libros en el escritorio. 책을 책상에 놔둬.
Ven acá, ven acá, nena. 이리 와, 이리 와, 아가야.
Sé feliz siempre y en todo lugar. 항상 어디서나 행복하렴.

No salgas de la casa. 집에서 나가지 마.
No digas mentiras nunca. 절대 거짓말 하지 마.
No vayas a esa fiesta. 그 파티에 가지 마.

2) 명령문의 용법

① **직접 및 간접목적격 인칭대명사**와 **재귀대명사**는 긍정명령에서는 동사어미에 바로 붙여 쓰고, 부정명령에서는 동사 앞에 위치시킨다. 동사어미에 붙은 이들 대명사가 동사의 원래의 강세 위치를 변화시킬 경우 원래 위치에

강세표기를 더해준다.

Búscalo. 그걸 찾아. No lo busques. 그걸 찾지 마.
Háblele. 그에게 말하세요. No le hable. 그에게 말하지 마세요.
Comámoslos. 그것들을 먹자. No los comamos. 그것들을 먹지 말자.
Escúchenme. 내 말 들어 주세요. No me escuchen. 내 말 듣지 마세요.

Si lo necesitas, pídemelo a mí. 그게 필요하면 내게 요구해.
Explícamelo otra vez, por favor. 미안하지만 그걸 내게 다시 설명해줘.
Pregúntame lo que quieras. 네가 원하는 것을 내게 물어봐.

No necesito ese libro. No me lo traigas. 난 그 책 필요 없어. 가져오지 마.
La bolsa está muy pesada. No la suba, por favor.
가방이 아주 무거워요. 올리지 마세요.

② 1인칭 복수에 대한 긍정명령은 **'vamos a 동사원형'**으로 표현할 수도 있다. 하지만 부정명령에서는 'no vamos a 동사원형'이 아니라 **'no vayamos a 동사원형'**으로 해야 한다.

Practiquemos la pronunciación. 발음 연습을 하자.
Vamos a practicar la pronunciación.

Disfrutemos un poco más este descanso. 이 휴식을 좀 더 누리자.
Vamos a disfrutar un poco más este descanso.

No molestemos a los ancianos. 노인들을 귀찮게 하지 말자.
No vayamos a molestar a los ancianos.

No interrumpamos la clase. 수업을 방해하지 맙시다.
No vayamos a interrumpir la clase.

연습 문제

(문제 1) 괄호 안의 동사를 직설법 혹은 접속법의 현재시제로 바꾸시오. 직설법과 접속법이 모두 가능한 경우는 둘 다 쓰시오.

1. Deseo que (descansar) tú.
2. ¿Me permite Ud. que le (ayudar)?
3. Creo que los obreros (estar) en huelga.
4. Lamento que no (encontrarse) Ud. bien.
5. Es necesario que me (dar) tu número de teléfono.
6. Es indudable que ellos (saber) la noticia.
7. Es una lástima que ella no (tener) su tarjeta de identidad.
8. No es cierto que él (preferir) vivir solo.
9. Vendré cuando (querer) Ud.
10. Salimos a la calle aunque (llover) mucho ahora.
11. Lo repito para que lo (entender) ellos mejor.
12. No bailaré contigo antes de que tú (aprender) a bailar.
13. Hoy es domingo, por eso yo (ir) a los toros.
14. Me casaré con él aunque no (tener) mucho dinero.
15. No puedo creerlo a pesar de que lo (ver) con mis propios ojos.
16. Te pagaré el doble en caso de que (trabajar) ocho horas más a la semana.
17. ¡Ojalá que yo (tener) una novia pronto!
18. Baja la persiana porque (entrar) mucho sol.

19. Cuando (hacer) buen tiempo, pasaremos el día en la playa.

20. Quizá (nevar) el fin de semana.

(문제 2) 다음을 스페인어로 옮기시오.

1. 의사선생님이 나에게 운동을 하라고 권한다.
2. 그가 우리를 걱정한다고는 생각하지 않는다.
3. 그들이 일자리를 구하지 못하는 게 참 안타깝다.
4. 비록 많은 돈을 벌지는 못해도 그는 자기 일을 좋아한다.
5. 이 일을 잘 해내려면 우리가 같이 일하는 것이 필요하다.
6. 천천히 말해라. 네 말을 이해할 수가 없구나.
7. 그가 우리를 용서해주기를!
8. 강의에 방해가 되지 않도록 조심스럽게 문을 열어라.
9. 모두가 동의하기 전에는 그를 저녁식사에 초대하지 마라.
10. 컴퓨터가 고장이 날 경우 그 일을 제시간에 끝낼 수 없을 거다.

Capítulo 15

관계사(Relativos)

관계사는 공통요소를 가진 두 문장을 하나로 결합시킬 때 사용한다. 공통요소 중 하나는 **관계사**로 바뀌고 다른 하나는 관계사의 **선행사(Antecedente)**가 된다.

1. 관계대명사(Pronombres relativos)

① 관계대명사에는 **que, quien, el que/ el cual, lo que/ lo cual** 등이 있다. 스페인어에서는 관계대명사가 생략될 수 없다.

La clase es muy interesante. 그 수업은 아주 흥미롭다.
Escucho **la clase** los martes. 나는 그 수업을 화요일에 듣는다.
→ **La clase que** escucho los martes es muy interesante.
화요일에 내가 듣는 수업은 아주 흥미롭다.

Compartía el piso con **una señora**. 어떤 부인과 아파트를 함께 썼다.
La señora tenía una perra grande. 그 부인은 큰 개를 한 마리 갖고 있었다.
→ Compartía el piso con **una señora, que/quien** tenía una perra grande.
어떤 부인과 아파트를 함께 썼는데, 그 분은 큰 개를 갖고 있었다.

② 관계대명사가 전치사의 보어일 경우, 이 전치사는 반드시 관계대명사 앞에 나타난다.

Este es **el hombre**. 이 분이 그 사람입니다.

Juan tiene negocios con **el hombre**. 후안이 그 사람과 거래합니다.

→ Este es **el hombre con quien** Juan tiene negocios.
이 분이 후안이 거래하는 사람입니다.

La conferencia se canceló. 그 회의는 취소됐다.

Preparé el discurso de bienvenida para l**a conferencia**.

나는 그 회의를 위해 환영사를 준비했다.

→ **La conferencia para la que** preparé el discurso de bienvenida se canceló.
내가 환영사를 준비한 회의는 취소됐다.

③ 관계대명사의 **수식적 용법(especificativo)**과 **설명적 용법(explicativo)**: 관계대명사절은 선행사를 수식하는 경우도 있고 선행사에 대해 설명하는 경우도 있다. 설명적 용법에서는 선행사와 관계대명사 사이가 콤마로 분리된다.

Rosy tiene una hermana **que** vive en EE.UU.

로시는 미국에 사는 여동생이 있다.

Rosy tiene una hermana, **que** vive en EE.UU.

로시는 여동생이 한 명 있는데, 그녀는 미국에 산다.

La chica **que** sabía la verdad no quiso decirla.

진실을 아는 소녀는 그걸 말하고 싶어 하지 않았다.

La chica, **que** sabía la verdad, no quiso decirla.

소녀는 진실을 알고 있었는데, 그걸 말하고 싶어 하지 않았다.

1) que

① que는 가장 많이 사용되는 관계대명사이다. 성, 수 변화를 하지 않으며, 사람과 사물이 모두 선행사가 될 수 있다.

Los servicios son magníficos. 서비스는 훌륭하다.

La universidad ofrece los servicios. 대학은 그 서비스를 제공한다.

→ Los servicios **que** la universidad ofrece son magníficos.

대학이 제공하는 서비스는 훌륭하다.

La pregunta **que** hizo no fue adecuada.

그가 한 질문은 적절하지 않았다.

La ropa **que** se pone le queda muy bien.

입고 있는 옷이 그에게 아주 잘 어울린다.

La gente **que** conozco es muy amable conmigo.

내가 아는 사람들은 내게 아주 친절하다.

Mi amiga, **que** estaba perdida, necesitó un mapa.

내 여자 친구는 길을 잃었는데, 지도가 필요했다.

② 관계대명사가 전치사의 보어이면서 선행사가 사람이면 que는 사용할 수 없다. que가 전치사의 보어로 사용될 수 있는 경우는 선행사가 사물이면서 전치사가 a, con, de, en인 경우이다.

(x)Este es **el hombre con que** Juan tiene negocios.

El dinero es prestado. 그 돈은 빌린 것이다.

Viajamos con el dinero. 우리는 그 돈으로 여행한다.

→ El dinero **con que** viajamos es prestado.

우리가 여행하는 돈은 빌린 것이다.

La ciudad **en que** vivo es de tipo colonial.

내가 사는 도시는 식민지 풍이다.

Las actividades **a que** asistimos son culturales.

우리가 참석하는 활동은 문화적인 것이다.

Aquí está la solicitud **de que** hablan en la reunión.

모임에서 말한 신청서가 여기 있다.

③ 선행사가 사람인 관계대명사가 전치사를 동반할 때, 그 전치사가 사람이 직접목적어일 때 나타나는 a인 경우에는 a를 탈락시킨 후 que를 사용할 수 있다. 그러나 관계대명사를 quien, el que 등으로 할 경우에는 전치사 a를 생략하지 않는다.

La señora es mi vecina. 그 아주머니는 내 이웃이다.

Saludé a la señora en el ascensor. 승강기에서 그 아주머니에게 인사했다.

→ La señora **que** saludé en el ascensor es mi vecina.

승강기에서 인사한 아주머니는 내 이웃이다.

La señora **a quien** saludé en el ascensor es mi vecina.

(X)La señora **a que** saludé en el ascensor es mi vecina.

(X)La señora **quien** saludé en el ascensor es mi vecina.

¿La persona **que** buscas es mi hermano? 네가 찾는 사람이 내 형이니?

¿La persona **a quien** buscas es mi hermano?

El cantante **que** veo por televisión se presentará en un concierto.

내가 TV로 보는 가수가 음악회에 출현할 것이다.

El cantante **al que** veo por televisión se presentará en un concierto.

2) quien

① 선행사가 사람인 경우에 사용된다. 성 변화는 없고 수 변화만 있으며, 복수형은 quienes이다.

Los chicos estaban en peligro. 아이들은 위험에 처해 있었다.

Los chicos se perdieron en la isla. 아이들이 섬에서 길을 잃었다.

→ Los chicos, **quienes** se perdieron en la isla, estaban en peligro.

아이들은 섬에서 길을 잃었는데, 위험에 처해 있었다.

¿Los muchachos, **quienes** nos van a visitar, son de tu edad?

우리를 방문할 그 소년들은 네 또래니?

Ese hombre, **quien** lleva el traje azul, debe ser el jefe.
그 사람은 푸른 정장을 입고 있는데, 상사일거야.

Alfonso, **quien** generalmente es serio, hoy me sonrió al pasar.
알폰소는 대개는 진지한데, 오늘은 지나가면서 내게 미소를 지었다.

② 선행사가 사람인 관계대명사가 전치사를 동반할 경우 quien이 사용될 수 있다.

Los chicos me ayudan mucho. 그 아이들이 나를 많이 도와준다.
Estudio con los chicos. 나는 그 아이들과 같이 공부한다.
→ Los chicos **con quienes** estudio me ayudan mucho.
내가 같이 공부하는 아이들은 나를 많이 도와준다.

Ella es la chica **de quien** estoy enamorado. 그녀가 내가 반한 소녀다.
¿No sabes el nombre de la persona **para quien** trabajas?
네가 일해 주는 사람의 이름을 모르니?
¿Quiénes eran las señoritas **con quienes** hablabas?
네가 얘기하고 있던 아가씨들은 누구였니?

③ quien은 선행사를 포함하는 관계대명사로 사용될 수 있다. 이 경우 의미는 'la persona que' 정도이다.

Quien habla mucho, sabe poco. 말이 많은 사람은 아는 것이 적다.
Quien siempre reclama no hace nada.
항상 불평하는 사람은 아무것도 못 한다.
Quien te llamó ayer fue Joaquín. 어제 네게 전화한 사람은 호아낀이었다.
Eres tú **quien** debe explicar el asunto. 그 일을 설명해야 할 사람은 너다.

3) el que, el cual

① 선행사가 사람, 사물인 경우 모두에 사용되며, 성, 수 변화를 한다. 관계대명사가 전치사를 동반할 경우 주로 el que나 el cual이 사용된다.

La reunión fue un éxito. 그 모임은 성공적이었다.
Asistí a la reunión. 나는 그 모임에 참석했다.
→ La reunión **a la que** asistí fue un éxito.
내가 참석했던 모임은 성공적이었다.

Este es el tema **del que** quiero hablar contigo.
이것이 너와 얘기하고 싶은 주제이다.
Dejé los papeles en casa, **sin los que** no puedo trabajar.
서류들을 집에 두고 왔는데, 그것들 없이는 일할 수가 없다.
Hay muchas razones **por las cuales** debes visitar Teotihuacan.
네가 떼오띠우아깐을 방문해야 하는 많은 이유들이 있다.
Encontré al hombre **con el cual** deseo compartir mi vida.
내 인생을 함께 나누고 싶은 남자를 찾았다.

② el que는 선행사를 포함하는 관계대명사로 사용될 수 있다. 주로 이미 언급되었거나 문맥상 알 수 있는 선행사를 반복하지 않기 위해 사용한다. 이 경우 el cual은 사용되지 않는다.

Ese coche es **el que** quiero comprar. 그 자동차가 내가 사고 싶은 거다.
Ella fue **la que** ganó el primer lugar de la clase.
그녀가 반에서 일등을 한 사람이었다.
Los que estudiaron para el examen, obtuvieron buenas notas.
시험을 위해 공부한 사람들은 좋은 학점을 받았다.
El que llegó primero no fue Pedro, sino su hermano.
제일 먼저 도착한 사람은 뻬드로가 아니라 그의 형이었다.

Ayer vimos a unas modelos y **la que** más me gustó fue Susana.
어제 모델을 몇 명 봤는데, 가장 마음에 드는 모델은 Susana였다.

4) lo que, lo cual

① 선행사가 절이나 구로 표현된 어떤 사실, 행위 등일 때 사용되는 중성 관계 대명사이다. 성, 수 변화는 하지 않는다.

Ella llegó con su novio. 그녀는 애인과 왔다.
Eso me sorprendió mucho. 그것이 나를 많이 놀라게 했다.
→ Ella llegó con su novio, **lo que** me sorprendió mucho.
그녀는 애인과 함께 왔는데, 그것이 나를 많이 놀라게 했다.

Fuma mucho en el cuarto, **lo cual** le molesta a su compañero.
방에서 담배를 많이 피우는데, 그것이 동료에게 거슬린다.
Habló muy bien en el examen, **lo que** impresionó a todos.
시험에서 아주 말을 잘 했는데, 그것이 모두에게 인상적이었다.
Está muy enojada, por **lo cual** debes tener cuidado con tus palabras.
그녀는 아주 화가 나있으니 너는 말조심을 해야 한다.

② lo que는 선행사를 포함하는 경우에 사용될 수 있으며, 그 의미는 추상적인 'la cosa que' 정도이다. 이런 경우 lo cual은 사용될 수 없다.

Lo que quiero en este momento es descansar.
이 순간 내가 원하는 것은 쉬는 것이다.
Lo que importa es tu opinión del tema.
중요한 것은 그 주제에 대한 네 의견이다.
Lo que imaginas, no es cierto. 네가 상상하는 것은 정확하지 않다.
Lo que no entiendo es por qué lo hizo ella.
내가 이해가 안 되는 것은 그녀가 왜 그걸 했느냐는 것이다.
Dime todo **lo que** sabes de ella. 그녀에 대해 아는 것을 모두 내게 말해줘.

Ya leí el libro, pero no entiendo **lo que** dices.
그 책을 읽었지만 네가 말하는 것을 이해 못 하겠어.

5) 관계대명사절에 접속법이 나타나는 경우

① 선행사에 대한 관계절의 언급이 실제 일어난 일인 경우 직설법이 사용되며, 아직 일어나지 않은 일인 경우 접속법이 사용된다. 보통 선행사가 이미 존재하거나 경험된 대상이면 직설법이, 그렇지 않으면 접속법이 나타난다.

Me gusta esa mansión que **tiene** piscina.
나는 수영장이 있는 그 저택이 마음에 든다.
Busco una mansión que **tenga** piscina.
나는 수영장이 있는 저택을 구하고 있다.

La historia que **escribes** me gusta. 네가 쓰는 이야기가 마음에 들어.
La historia que **escribas** me gustará. 네가 쓸 이야기는 마음에 들 거야.

Hay muchas personas que **conocen** a María. 마리아를 아는 사람이 많다.
¿Hay alguien que **conozca** a María? 마리아를 아는 사람이 누구 있나요?

No hay nadie que **escuche** mi canción.
내 노래 들어줄 사람이 아무도 없다.
¿Hay algo que **quieras** saber de mí? 나에 대해 알고 싶은 것이 있니?
Trabajaré con quien tú **digas**. 네가 말하는 사람과 같이 일할게.
Comeremos en el restaurante que **prefieras**.
우리는 네가 원하는 식당에서 식사할 거다.

② 타동사의 목적어가 사람이면 일반적으로 전치사 'a'가 붙는다. 하지만 목적어인 사람이 정해지거나 확인된 사람이 아니면 전치사 'a'가 나타나지 않고, 관계절을 동반할 경우 그 동사는 접속법으로 나타난다.

Busco un profesor que **enseñe** español.
스페인어를 가르칠 선생님을 찾고 있습니다.
Busco al profesor que **enseña** español.
스페인어를 가르치는 그 선생님을 찾고 있습니다.

Necesito una empleada que **sepa** usar la computadora.
컴퓨터를 다룰 줄 아는 여직원이 필요하다.
Necesito a la empleada que **sabe** usar la computadora.
컴퓨터를 다룰 줄 아는 그 여직원이 필요하다.

2. 관계형용사(Adjetivos relativos): 관계사가 관계절에서 형용사적 기능, 즉 명사를 수식하는 기능을 한다.

1) cuyo: 소유관계를 나타내며, 주로 문어체에서 많이 사용된다.

① 두 문장에 나타나는 공통요소 중 하나가 소유형용사 'su'일 때, 이 su가 cuyo로 바뀐다. cuyo는 성, 수 변화를 하며, cuyo의 선행사는 사람, 사물이 모두 가능하다.

La tienda está llena de jóvenes. 그 가게는 젊은이들로 붐빈다.
Su dueña es mi hermana. 그 가게 주인은 내 언니이다.
→ La tienda, **cuya** dueña es mi hermana, está llena de jóvenes.
그 가게는 주인이 내 언니인데, 젊은이들로 붐빈다.

Te presto **una novela**. 네게 소설 한 권을 빌려준다.
Hablan mucho de **su** autor estos días.
요즘 그 소설의 작가에 대해 얘기를 많이 한다.
→ Te presto una novela, de **cuyo** autor hablan mucho estos días.
네게 소설 한 권을 빌려주는데, 그 작가에 대해 요즘 얘기를 많이 한다.

Escribe un artículo, **cuya** conclusión te encantará.

그가 기사를 하나 쓰는데 결론이 무척 네 마음에 들 거야.

Trabajamos con Francisco, **cuyos** padres viven en este barrio.

우리는 프란시스코와 함께 일하는데, 그의 부모님이 이 동네에 사신다.

Encontré su coche, en **cuyo** interior había unas personas desconocidas.

그의 차를 찾았는데 그 안에 모르는 사람들이 있었다.

3. 관계부사(Adverbios relativos): 관계사가 관계절에서 부사적 기능, 즉 장소, 시간 등을 나타낸다. 선행사가 생략되는 경우가 많다.

① 관계부사는 장소, 시간 등을 나타내는 전치사와 관계대명사가 결합된 형태이다.

La ciudad está cerca de la playa. 그 도시는 해변에서 가깝다.

Trabajo en **la ciudad**. 나는 그 도시에서 일한다.

→ La ciudad **en la que** trabajo está cerca de la playa.

La ciudad **donde** trabajo está cerca de la playa.

내가 일하는 도시는 해변에서 가깝다.

② 장소를 나타내는 관계부사 donde 구문

Esta es la cafetería **donde** me encontré con Isabel.

이곳이 내가 Isabel을 만났던 카페이다.

Este es el perióico (en) **donde** leí la noticia.

이것이 내가 그 뉴스를 읽은 신문이다.

Estoy **donde** quiero estar. 나는 내가 있고 싶은 곳에 있다.

Vamos a **donde** tú digas. 네가 말하는 곳으로 가자.

Sueño con volver a **donde** conocí a mi primer amor.

내 첫사랑을 만난 곳으로 돌아가기를 꿈꾼다.

③ 시간을 나타내는 관계부사 cuando 구문

Ya es la hora **cuando** debes partir. 네가 떠나야 할 시간이다.

No debes cruzar la calle en el momento **cuando** el semáforo está en rojo.

신호등이 빨간불일 때는 길을 건너서는 안 된다.

No había nadie **cuando** entraron los ladrones.

도둑이 들었을 때 아무도 없었다.

Ya era tarde **cuando** llegué a la reunión.

모임에 도착했을 때는 이미 늦었다.

Estaré contigo **cuando** me necesites.

나를 필요로 할 때 너랑 같이 있을게.

연습 문제

(문제 1) 괄호 안에서 적절한 관계사를 고르시오.

1. El reloj (que, lo que) compró Juanito era muy caro.
2. Me gusta la chica con (que, quien) hablabas.
3. Siempre repites (quien, lo que) ya sabe todo el mundo.
4. El niño (los que, cuyos) padres han muerto, vive con sus abuelos.
5. Mañana es (que, cuando) llega María Luisa.
6. Estoy de acuerdo con (que, lo que) proponen Uds.
7. Fue aquí (que, donde) pasé mis vacaciones el año pasado.
8. No hace nada todo el día, (que, lo que) me desagrada mucho.
9. María es (que, la que) sabe la respuesta.
10. El chico, (a que, a quien) conocí ayer, baila flamenco muy bien.

(문제 2) 두 문장을 관계사를 이용하여 연결하시오.(앞 문장의 요소를 선행사로 할 것)

1. Mañana visito a mis primos. Ellos viven en Salamanca.
2. El ladrón está en prisión. Él robó el banco.
3. Este es el mecánico. Te hablé del mecánico antes.
4. No me gustan los chicos. Vas a invitar a los chicos.
5. La chica es rubia. Yo salgo con ella.
6. El barrio está muy apartado del centro. Vivo en el barrio.

7. El autobús está siempre lleno. Pasa a las ocho por aquí.

8. La empresa Hyundai es coreana.

   Sus coches se venden mucho en el mundo.

9. El muchacho obtuvo una beca. Eso sorprendió a sus compañeros.

10. La señora es mi vecina. Yo estoy enamorado de su hija.

(문제 3) 다음을 스페인어로 옮기시오.

1. 어제 산 옷이 나에게 잘 어울린다.
2. 네가 말한 수업은 참 재미있다.
3. 그의 가족은 오늘 아버지가 일하는 회사를 방문한다.
4. 말이 많은 사람은 요구하는 것도 많다.
5. 우리가 오늘 공부하는 것은 아주 어렵다.
6. 그 모임이 취소된 이유를 이해하지 못하겠다.
7. 나는 내가 필요로 하는 것을 해줄 친구를 찾는다.
8. 이 도시가 내 동생이 태어난 곳이다.
9. 그는 항상 장학금을 받았는데, 그것이 부모님을 기쁘게 했다.
10. 나는 정원이 아름다운 집에서 살고 싶다.

Capítulo 16

형용사, 부사의 비교급(Comparativos)과 최상급(Superlativos)

비교급에는 우등비교급, 열등비교급, 동등비교급이 있으며, 최상급에는 우등최상급, 열등최상급이 있다. 열등비교, 열등최상보다 우등비교, 우등최상의 형태가 더 많이 사용된다.

1. 비교급의 형태와 용법

1) 우등비교급: 'A 동사 más … que B' (A가 B보다 더 많이 …하다)

① 형용사의 우등비교

Mi hijo es alto. 내 아들은 키가 크다.
→ Mi hijo es **más** alto **que** yo. 내 아들은 나보다 키가 더 크다.

Este es un coche barato. 이것은 싼 차다.
→ Este es un coche **más** barato **que** ese. 이것은 그것보다 더 싼 차다.

Estudiar es más importante que trabajar.
공부하는 것이 일하는 것보다 더 중요하다.
Estábamos más cansadas que ellos.
우리가 그들보다 더 지쳐있었다.

Ella se puso un traje mucho más elegante que mi mujer.
그녀는 내 아내보다 훨씬 더 우아한 옷을 입었다.

② 부사의 우등비교

Ellos viven tranquilamente. 그들은 평온하게 산다.
→ Ellos viven **más** tranquilamente **que** nosotros.
그들은 우리보다 더 평온하게 산다.

¡Cuánto tráfico! Llegaré tarde. 교통이 혼잡하군! 늦게 도착하겠네.
→ ¡Cuánto tráfico! Llegaré **más** tarde **que** otros días.
교통이 혼잡하군! 다른 날보다 더 늦게 도착하겠네.

Debemos escuchar más atentamente que antes.
우리는 예전보다 더 주의 깊게 들어야 한다.
El anciano habla más despacio que sus nietos.
그 노인은 손자들보다 더 천천히 말한다.
Tu amor por mí está más lejos que la luna.
나에 대한 너의 사랑은 달보다 더 멀리 있다.

2) 열등비교급: 'A 동사 menos … que B' (A가 B보다 더 적게 …하다)

① 형용사의 열등비교

La secretaria es amable. 여비서는 친절하다.
→ La secretaria es **menos** amable **que** la directora.
여비서는 소장보다 덜 친절하다.

Es un novelista menos famoso que mi hermano.
그는 내 형보다 덜 유명한 소설가이다.

Nos sentimos menos contentos que ellos.
우리는 그들보다 덜 만족스럽다.
Las fiestas de Corea son menos divertidas que las de México.
한국의 파티는 멕시코의 파티보다 덜 재미있다.

② 부사의 열등비교

Volveré tarde. 늦게 돌아올 거야.
→ Volveré **menos** tarde **que** ayer. 어제보다 덜 늦게 돌아올 거야.

Mi coche corre menos rápido que tu moto.
내 차는 네 오토바이보다 덜 빨리 달린다.
A veces mi padre se levantaba menos temprano que yo.
때때로 나의 아버지는 나보다 덜 일찍 일어나곤 했다.
Entramos menos pronto que los invitados.
우리는 손님들보다 덜 일찍 들어간다.

3) 동등비교급: 'A 동사 tan/ tanto … como B' (A가 B만큼 ...하다)
tan은 형용사나 부사 앞에서 쓰인다.

① 형용사의 동등비교

El descanso es importante. 휴식은 중요하다.
→ El descanso es **tan** importante **como** el estudio.
휴식은 공부만큼 중요하다.

Es una comida sabrosa. 맛있는 음식이다.
→ Es una comida **tan** sabrosa **como** la de mi madre.
내 어머니의 음식만큼 맛있는 음식이다.

Mi novio es tan serio como mi papá. 내 애인은 내 아버지만큼 진지하다.

Eres una persona tan capaz como tu jefe.
너는 너의 사장만큼이나 능력 있는 사람이다.
Hoy no parece tan divertido como otros días.
오늘은 다른 날만큼 재미있는 것 같지 않다.

② 부사의 동등비교

Vivo lejos de la universidad. 나는 대학에서 멀리 떨어져 산다.
→ Vivo **tan** lejos de la universidad **como** tú.
나는 너만큼 대학에서 멀리 떨어져 산다.

La jefa llegó temprano. 사장이 일찍 도착했다.
→ La jefa llegó **tan** temprano **como** los empleados.
사장이 직원들만큼 일찍 도착했다.

Hiciste todo tan bien como ella. 너는 모든 걸 그녀만큼 잘했다.
Aquí no se come tan tarde como en España.
이곳에서는 스페인에서만큼 그렇게 늦게 식사하지 않는다.
Contesta tan amablemente como una persona bien educada.
잘 교육받은 사람처럼 친절하게 대답한다.

③ **tanto … como** 구문: tanto는 형용사로서 명사를 수식할 수도 있고 부사로서 동사를 수식할 수도 있다. 이 경우 의미는 각각 '...만큼 많은', '...만큼 많이' 정도이다.

ⓐ tanto가 명사를 수식하는 경우

Ella lee muchos libros. 그녀는 많은 책을 읽는다.
→ Ella lee **tantos** libros **como** su profesor.
그녀는 그녀의 선생님만큼 많은 책을 읽는다.

No necesito tanto dinero como tú.
나는 너만큼 그렇게 많은 돈이 필요하지 않다.
Hacen tantas preguntas como los niños. 그들은 아이들만큼 질문이 많다.
Hace tanto viento como ayer. 어제만큼 바람이 많이 분다.

ⓑ tanto가 동사를 수식하는 경우

Ellos trabajan mucho. 그들은 열심히 일한다.
→ Ellos trabajan **tanto como** nosotros.
그들은 우리만큼 열심히 일한다.

Esperamos las vacaciones tanto como tú.
우리는 너만큼 방학을 많이 기다린다.
Necesito el puesto tanto como ellos.
나는 그들만큼 그 직책이 필요하다.
Quiero a esa familia tanto como a la mía.
나는 내 가족만큼이나 그 가족을 사랑한다.

2. 최상급의 형태와 용법

1) 우등최상급: 'A 동사 (정관사) más … de/entre B' (A가 B 중에서 가장 많이 …하다). más가 형용사를 수식하면 정관사가 있어야 하며, más가 부사를 수식하면 정관사는 필요 없다.

① 형용사의 우등최상급

Pedro es inteligente. 뻬드로는 똑똑하다.
→ Pedro es **el más** inteligente **del** grupo.
뻬드로는 그룹에서 가장 똑똑하다.

Esta actividad es la más divertida de todas.
이 활동이 모든 활동 중에 가장 재미있다.
Es el día más esperado de los días festivos.
휴일 중에 가장 기다려지는 날이다.
Tomaré la decisión más importante de mi vida.
내 생애에서 가장 중요한 결정을 내릴 것이다.

② 부사의 우등최상급

Mi madre se levanta temprano. 내 어머니는 일찍 일어나신다.
→ Mi madre **es la que** se levanta **más** temprano **de** mi familia.
내 어머니가 우리 가족 중에 가장 일찍 일어나는 사람이다.

Yo soy el que corre más rápido de la clase.
내가 반에서 가장 빨리 달린다 (달리는 사람이다).
Este mercado es el que está más cerca de su casa.
이 시장이 당신 집에서 가장 가까이 있는 것입니다.
¿Quién es el que llegó más tarde entre los estudiantes?
학생들 중에 가장 늦게 도착한 사람이 누구인가요?

2) 열등최상급: 'A 동사 (정관사) menos … de/entre B' (A가 B 중에서 가장 적게 ...하다). menos가 형용사를 수식하면 정관사가 와야 하며, menos가 부사를 수식하면 정관사는 필요 없다.

① 형용사의 열등최상급

Este libro es difícil. 이 책은 어렵다.
→ Este libro es **el menos** difícil **de** los cinco.
이 책이 다섯 권 가운데 가장 덜 어렵다.

El sábado es el día menos pesado de todos.
모든 날 중에 토요일이 가장 덜 힘든 날이다.
¿Cuál es el coche menos caro de estos?
이것들 중에 가장 덜 비싼 차는 어느 것이니?
Entre los países hispanos, este es el menos agradable.
스페인어권 국가들 중에 이 나라가 가장 덜 호감이 간다.

② 부사의 열등최상급

Mi hermana come despacio. 내 여동생은 천천히 먹는다.
→ Mi hermana **es la que** come **menos** despacio **de** la familia.
내 여동생은 가족 중에 가장 덜 천천히 먹는다 (먹는 사람이다).

El chico es el que se levanta menos temprano de todos.
그 소년이 모두들 가운데 가장 덜 일찍 일어나는 사람이다.
¿Quién es el que vive menos lejos entre ustedes?
당신들 중에 가장 덜 멀리 사는 사람은 누구입니까?

3) 절대최상급(Superioridad absoluta): 앞에서 살펴 본 우등최상급, 열등최상급은 상대최상급, 즉 비교 대상이 있는 최상급이다. 반면에 절대최상급은 비교 대상이 없는 최상급으로, 'muy + 형용사, 부사' 정도로 해석된다. 절대최상급은 형용사, 부사 뒤에 **– ísimo**를 붙여서 만드는데, 형용사, 부사가 자음으로 끝나면 바로 뒤에 – ísimo를 붙이고, 모음으로 끝나면 모음을 없애고 – ísimo를 붙인다.

Es **facilísimo** usar esta computadora. 이 컴퓨터는 사용하기가 아주 쉽다.
(= Es **muy fácil** usar esta computadora.)

Llegaremos tardísimo porque perdimos el avión.
우리는 비행기를 놓쳐서 아주 늦게 도착할 것이다.

Es dificilísimo que sepas la verdad del asunto.
그 일의 진실을 네가 안다는 것은 아주 어렵다.
Disfrutamos muchísimo las fiestas entre amigos.
우리는 친구들끼리 파티를 아주 즐겼다.
Estoy lejísimos, por eso no te escucho.
내가 아주 멀리 있어서 네 말을 듣지 못한다.

3. 비교급과 최상급의 불규칙형태

불규칙한 비교급, 최상급 형태를 갖는 형용사 및 부사는 다음과 같다. 이들 중 más, menos는 성, 수 변화를 하지 않으며, 나머지 mejor, peor, mayor, menor는 성 변화는 하지 않고 수 변화만 한다.

형용사	부사	비교급, 최상급
mucho	mucho, muy	más
poco	poco	menos
bueno	bien	mejor
malo	mal	peor
grande	–	mayor (또는 más grande)
pequeño	–	menor (또는 más pequeño)

1) 형용사의 불규칙 비교급, 최상급

La pasta tiene buen sabor. 파스타는 맛있다.

비교법: La pasta tiene **mejor** sabor **que** la sopa.
파스타가 스프보다 더 맛있다.
(X)La pasta tiene más buen sabor que la sopa.

최상급: La pasta tiene **el mejor** sabor **de** todos los platillos.
파스타가 모든 요리들 중에 가장 맛있다.
(X)La pasta tiene el más buen sabor de todos los platillos.

① 형용사의 불규칙 비교급

En mi familia hay muchas personas. 내 가족은 사람이 많다.

En mi familia hay **más** personas **que** en la tuya.

내 가족은 너의 가족보다 사람이 더 많다.

Mis calificaciones son malas. 내 성적은 나쁘다.

Mis calificaciones son **peores que** el año pasado.

내 성적은 작년보다 더 나쁘다.

Tengo dos veces más tiempo libre que antes.

나는 전보다 두 배 더 많은 자유시간을 가진다.

Dicen que mañana hará más frío que hoy.

내일은 오늘보다 더 춥다고 한다.

Tengo 2 años menos que mi hermano. 나는 형보다 두 살 적다.

Mi hermano tiene mejor carácter que yo. 내 형은 나보다 성격이 더 좋다.

¿Tiene una idea mejor que esta? 이것보다 더 좋은 생각이 있니?

El clima es peor que ayer. 날씨가 어제보다 더 나쁘다.

② 형용사의 불규칙 최상급

El ambiente de la cafetería es bueno. 그 커피숍의 분위기는 좋다.

El ambiente de la cafetería es **el mejor de** la ciudad.

그 커피숍의 분위기가 그 도시에서 가장 좋다.

La calidad de tu ropa es mala. 네 옷의 품질은 나쁘다.

La calidad de tu ropa es **la peor entre** todas las marcas.

네 옷의 품질은 모든 상표 가운데 가장 나쁘다.

Su comentario es el mejor de todos hasta ahora.

그의 코멘트는 지금까지의 모든 것들 중에 최고다.

Esa decisión es la peor de todas.

그 결정은 모든 것들 중에 가장 나쁘다.

Los mejores momentos son los que pasé contigo.
가장 좋은 순간들은 너와 함께 보낸 순간들이다.

③ grande와 pequeño의 비교급, 최상급: 보통 '크기나 규모'와 같이 구체적인 대상인 경우는 규칙형태인 más grande, más pequeño를 사용하며, '나이'와 같이 추상적인 대상인 경우는 불규칙형태인 mayor, menor를 사용한다.

ⓐ grande와 pequeño의 비교급

La ropa es más grande que tu cuerpo. 옷이 네 몸보다 더 크다.
Esta ciudad es más pequeña que la nuestra.
이 도시가 우리 도시보다 더 작다.
El aula es más pequeña de lo que pensaba.
강의실이 생각보다 더 작다.

Ellos son mayores que nosotros. 그들은 우리보다 나이가 더 많다.
Soy menor que tú. 나는 너보다 나이가 더 어리다.
Tu interés por el español es mucho menor que el mío.
스페인어에 대한 너의 관심은 나의 관심보다 훨씬 더 적다.

ⓑ grande와 pequeño의 최상급

Mi casa es la más grande de este barrio. 내 집이 이 동네에서 가장 크다.
Mi habitación es la más pequeña de mi casa. 내 방이 집에서 가장 작다.
Este es el pez más grande que he visto. 이게 내가 본 가장 큰 물고기다.

Ella es la empleada mayor en la compañía.
그녀는 회사에서 나이가 제일 많은 직원이다.
Ese es el menor de mis hermanos. 그가 내 형제들 가운데 막내다.
China tiene el mayor número de habitantes del mundo.
중국은 세계에서 인구수가 가장 많다.

cf. '몇 살 이상/미만'을 표현할 때는 'mayor de/ menor de'를 쓴다.

Estos asientos son para los mayores de 65 años de edad.
이 좌석들은 65세 이상의 노인들을 위한 것이다.
Esta película está prohibida para los menores de 19 años de edad.
이 영화는 19세 미만의 미성년자들에게는 금지되어 있다.
Los mayores de 5 años deben pagar la tarifa normal.
5세 이상은 정상요금을 내야 한다.

2) 부사의 불규칙 비교급, 최상급

Paco baila bien. 빠꼬는 춤을 잘 춘다.

비교급: Paco baila **mejor que** su novia.
빠꼬는 애인보다 춤을 더 잘 춘다.
(X)Paco baila más bien que su novia.

최상급: Paco es **el que** baila **mejor entre** sus amigos.
빠꼬가 친구들 가운데 춤을 가장 잘 추는 사람이다.
(X)Paco es el que baila más bien entre sus amigos.

① 부사의 불규칙 비교급

¿Ganas mucho? 돈을 많이 버니?
¿Ganas **más que** el año pasado? 작년보다 돈을 더 많이 버니?

La estudiante habla español bien. 그 여학생은 스페인어를 잘한다.
La estudiante habla español **mejor que** nosotros.
그 여학생은 우리보다 스페인어를 더 잘한다.

Las mujeres viven más que los hombres. 여자가 남자보다 더 오래 산다.
Luisa estudiaba menos que nadie en la clase.
루이사는 반에서 누구보다 더 적게 공부했었다.

Te sientes mejor que ayer, ¿verdad? 어제보다 더 나아졌지, 그렇지?

Mi mujer cocina peor que tú. 내 아내는 너보다 요리를 더 못한다.

② 부사의 불규칙 최상급

Sabes mucho del país. 너는 그 나라에 대해 많이 안다.

Eres **el que** sabe **más** del país en la clase.

네가 반에서 그 나라에 대해 가장 많이 안다 (아는 사람이다).

Este disco se escucha bien. 이 디스크는 잘 들린다.

Este disco es **el que** se escucha **mejor** de todos.

이 디스크는 모든 디스크들 가운데 가장 잘 들리는 것이다.

Esta novela es la que se vende más estos días.

이 소설이 요즘 가장 많이 팔리는 것이다.

El chico es el que habla menos entre los trabajadores.

그 소년은 근로자들 중에서 가장 말이 적은 사람이다.

¿Eres tú la que salió mejor en el examen?

네가 시험을 가장 잘 친 사람이니?

Estos zapatos son los que me quedan peor en la tienda.

이 신발은 그 가게에서 내게 가장 어울리지 않는 거다.

연습 문제

(문제 1) 괄호 안의 단어를 비교대상으로 하여 지시된 형태의 비교 구문을 만드시오.

1. Esta chaqueta es elegante. (el abrigo, 우등비교)
2. La playa es extensa. (ese país, 우등최상)
3. Las corridas de toros son populares en España. (el futbol, 동등비교)
4. Tu bicicleta es mala. (la mía, 우등비교)
5. Fue una buena oportunidad. (todas, 우등최상)
6. La naranja es una fruta sana. (la manzana, 동등비교)
7. Este chiste es gracioso. (el otro, 열등비교)
8. Aquí estaba un edificio alto. (la ciudad, 우등최상)
9. Jaime es guapo. (절대최상)
10. Ella gana mucho dinero. (su marido, 동등비교)
11. Los padres no duermen mucho. (los hjos, 동등비교)
12. Tu amiga baila muy bien. (tú, 우등비교)
13. La señora es vieja. (mi madre, 우등비교)
14. Ese chico es joven. (los estudiantes, 우등최상)
15. El muchacho terminó pronto. (sus amigos, 열등최상)
16. Aquél fue un mal día. (toda mi vida, 우등최상)
17. Era un celular pequeño. (todos, 우등최상)
18. Este pescado sabe bien. (todos los platos, 우등최상)

(문제 2) 다음을 스페인어로 옮기시오.

1. 가장 싼 차는 어떤 것입니까?
2. 그는 자기 아버지보다 더 많은 돈을 번다.
3. 오늘 축제는 예전보다 더 재미있다.
4. 내 동생은 그 선수만큼 빨리 달린다.
5. 어제 나는 사장보다 더 늦게 출근을 했다.
6. 그 나라에는 우리나라만큼 많은 대학이 있다.
7. 내 할머니가 우리 동네에서 가장 나이가 많은 분이다.
8. Pepé는 우리들 중에 가장 수업을 열심히 듣는다.
9. 그 비서는 내가 생각했던 것보다 컴퓨터를 더 잘한다.

Capítulo 17

동사의 비인칭형(Formas impersonales del verbo)

동사 비인칭형에는 **부정사(infinitivo)**, **현재분사(gerundio)**, **과거분사(participio pasado)**가 있다. 부정사는 주로 미래의 일, 현재분사는 주로 진행 중인 일, 과거분사는 주로 완료된 일이나 수동적 의미를 표현하는 데에 사용된다.

1. 부정사(Infinitivo)

1) 부정사의 형태와 용법

부정사란 –ar, –er, –ir 등의 동사원형 형태가 인칭변화 없이 그대로 나타난 것이다.

① 일부 동사의 목적어로 사용된다. 이 경우 부정사는 대부분 그 동사와 주어를 공유하며, 만약 주어가 다르면 부정사 대신 절이 오는 것이 일반적이다.

Espero volver a mi pueblo natal. 나는 고향으로 돌아가고 싶다.
Pensábamos estudiar la cultura del país.
그 나라의 문화를 공부할 생각이었다.
¿Temes cometer errores frente al jefe? 사장 앞에서 실수할까 봐 두렵니?
No quiere despedirse de su novia. 그는 애인과 작별하고 싶지 않다.

cf. Deseo traducir este texto. 나는 이 텍스트를 번역하고 싶다.

Deseo que traduzcas este texto.

나는 네가 이 텍스트를 번역하기를 바란다.

② 주어나 보어의 기능을 한다.

Fumar es peligroso para la salud. 흡연은 건강에 위험하다.

Soñar no cuesta nada. 꿈꾸는 것은 비용이 들지 않는다.

Es difícil reconocer nuestros defectos.

우리의 결점을 인정하는 것은 어렵다.

Querer es poder, todo depende de ti.

원한다는 것은 할 수 있다는 것이다. 모두 너에게 달렸다.

③ 전치사나 전치사구 뒤에 나타난다.

Nos reunimos los viernes para trabajar.

우리는 일하기 위해 금요일에 모인다.

Voy a cortarme el pelo mañana. 나는 내일 이발을 할 거다.

Revisamos la cuenta antes de pagar. 지불하기 전에 계산서를 검토한다.

Después de comer suelo tomar la siesta.

식사 후에 나는 곧잘 낮잠을 잔다.

④ que 바로 뒤에 부정사가 나와 선행 명사를 수식해주는 경우도 있다.

Busco algo que comer. 먹을 것을 찾고 있다.

¿Hay algo que estudiar? 공부할 것이 있나요?

No me queda nada que hacer. 나는 할 일이 아무것도 남아 있지 않다.

Tengo mucho que aprender de ti. 나는 너한테 배울게 많다.

2. 현재분사(Gerundio)

1) 현재분사의 형태

① 규칙형태: – ar 동사는 동사어간에 – **ando**를, – er, – ir 동사는 동사어간에 – **iendo**를 붙여서 만든다.

comprar – comprando　　vender – vendiendo　　recibir – recibiendo

② 불규칙형태

ⓐ – er, – ir 동사 중 어간이 모음으로 끝나는 경우는 – **iendo** 대신 – **yendo**를 붙인다.

leer – leyendo　　creer – creyendo　　caer – cayendo
oír – oyendo　　huir – huyendo　　traer – trayendo

ⓑ – ir 동사 중 직설법 완료과거 3인칭 단수에서 어간모음이 **e → i** 혹은 **o → u**로 바뀌는 경우는 일반적으로 현재분사 형태에서도 동일한 모음변화가 있다.

pedir - pidió - pidiendo　　dormir - durmió - durmiendo

seguir – siguiendo　　morir – muriendo　　sentir – sintiendo
reír – riendo　　preferir – prefiriendo　　repetir – repitiendo
servir - sirviendo

ⓒ 그 외에도 다음과 같은 불규칙 현재분사 형태가 있다.

ir – yendo　　poder – pudiendo
venir – viniendo　　decir – diciendo

2) 현재분사의 용법

① **'estar + 현재분사'**의 형식으로 쓰여 진행 중인 일을 표현한다.

Estamos preparando el examen final. 우리는 기말고사를 준비하고 있다.
Está bailando sin parar. 쉬지 않고 춤을 추고 있다.
Están escribiendo el reporte. 그들은 보고서를 쓰고 있다.
Cuando llegaste, estábamos hablando de ti.
네가 도착했을 때, 우리는 네 얘기를 하고 있었다.

② estar 대신 seguir, continuar, ir, venir 등이 현재분사와 함께 쓰여 특정한 의미를 더하는 진행을 나타낸다.

ⓐ **seguir, continuar + 현재분사**: 계속성, 지속성을 부각

Sigo tratando de resolver el problema.
그 문제를 해결하려고 계속 애쓰고 있다.
No sé si seguiré viviendo aquí. 내가 계속 이곳에 살지 모르겠다.
Continúa lloviendo desde ayer. 어제부터 계속 비가 내리고 있다.
Continuamos trabajando juntos y no peleamos nunca.
우리는 계속 함께 일하고 있고 결코 싸우지 않는다.

ⓑ **ir + 현재분사**: 점진적으로 진행되어 가는 경우. '– 해 가고 있다' 정도의 의미

Muy bien, vas mejorando tu pronunciación día a día.
아주 좋아, 네 발음이 날로 좋아져 가고 있어.
Van aumentando los impuestos en este país.
이 나라에서는 세금이 늘어가고 있다.
Ya vamos entendiéndonos, ¿verdad?
이제 우리는 서로 이해해 가고 있는 거지, 그렇지?

Poco a poco se va acostumbrando a la vida de esta ciudad.
조금씩 이 도시의 생활에 익숙해져 가고 있다.

ⓒ **venir + 현재분사**: 지속되어 온 경우. '– 해 오고 있다' 정도의 의미

Ese país viene desarrollándose. 그 나라는 발전해 오고 있다.
Ya viene amaneciendo. 이제 날이 밝아 온다.
Últimamente mi mujer viene gastando mucho dinero en ropa.
최근 들어 내 아내는 옷에 많은 돈을 써오고 있다.
Viene repitiendo la misma historia desde hace unos días.
몇 일전부터 같은 이야기를 반복해 오고 있다.

③ 명사를 수식하는 형용사 기능을 한다.

Hay un niño llorando en la habitación. 방에서 울고 있는 아기가 있다.
Hay una señora dando un paseo con el perro.
개를 데리고 산책하는 부인이 있다.
Había un gato durmiendo debajo de la cama.
침대 아래에서 자고 있는 고양이가 있었다.
En el parque hay una chica vendiendo helados.
공원에 아이스크림 파는 여자 아이가 있다.

④ 현재분사는 단독으로 쓰여 방법, 조건, 이유, 시간, 양보 등을 나타내는 부사절의 의미를 내기도 하는데, 이런 구문을 **절대구문(Construcción absoluta)**이라고 한다.

ⓐ **방법**: Siempre nos recibe sonriendo. 항상 웃으면서 우리를 맞는다.
La muchacha, moviendo la cabeza, dijo que no.
소녀는 고개를 저으며 아니라고 말했다.
Siempre estudio escuchando la música.
나는 항상 음악을 들으면서 공부한다.

ⓑ **조건**: Teniendo dinero, no necesito trabajar.
돈이 있다면 난 일할 필요가 없다.
Aprenderé más rápido trabajando contigo.
너랑 같이 일하면 더 빨리 배울 거다.
Yendo por ese camino, tardarás mucho en llegar.
그 길로 가면, 도착하는데 오래 걸릴 거다.

ⓒ **이유**: Lloviendo así, no podremos salir.
비가 이렇게 와서 우리는 외출할 수 없을 것이다.
Considerando la situación, decidimos aplazar la fecha.
상황을 고려해서 날짜를 연기하기로 결정했다.
La maestra, viendo a los alumnos cansados, terminó la clase.
학생들이 피곤해 하는 걸 보았기에 선생님은 수업을 끝냈다.

ⓓ **시간**: Saliendo el sol, iremos a la playa.
해가 나면, 우리는 해변에 갈 것이다.
Terminando el semestre, volveremos a nuestro país.
학기가 끝나면 우리는 귀국할 것이다.
Ayer tuve un accidente caminando por la calle.
어제 거리를 걷다가 사고를 당했다.

ⓔ **양보**: Aun teniendo dinero, no está feliz. 돈이 있지만 행복하지 않다.
Asistió a trabajar, estando enferma.
그녀는 몸이 아프면서도 출근을 했다.
Mi hermana, viendo que estaba cansado, no dejó de hablar.
피곤해 하는 걸 보면서도 내 여동생은 말을 멈추지 않았다.

3. 과거분사(Participio pasado)

1) 과거분사의 형태

① **규칙형태**: – ar 동사는 동사어간에 – **ado**를, – er, – ir 동사는 동사어간에 – **ido**를 붙여서 만든다.

comprar – comprado　　vender – vendido　　recibir – recibido

② **불규칙형태**

ⓐ – er, – ir 동사 중 어간이 강모음(a, e, o)으로 끝나는 경우 – ido의 모음 – i에 강세표기를 더해 준다.

leer – leído	creer – creído	oír – oído
traer – traído	caer – caído	

ⓑ 다음의 동사들 역시 불규칙한 과거분사형을 갖는다.

abrir – abierto	decir – dicho	escribir – escrito
volver – vuelto	poner – puesto	morir – muerto
hacer – hecho	ver – visto	resolver – resuelto
cubrir – cubierto	romper – roto	describir – descrito

2) 과거분사의 용법

① **'haber + 과거분사'**의 형식으로 완료시제(Tiempos perfectos) 혹은 복합시제(Tiempos compuestos)를 만든다. 이 경우 과거분사는 성, 수 변화를 하지 않는다. haber동사의 시제에 따라 현재완료, 과거완료, 미래완료 등으로 나뉜다.

ⓐ **현재완료**: ¿Has comido? 식사했니?

¿Ya has visto la película? 그 영화 벌써 봤니?

¿Ha visitado alguna vez el Museo Nacional?

국립박물관을 방문한 적이 있나요?

Mi hijo ha crecido mucho este año.

내 아들은 금년에 많이 자랐다.

Corea ha cambiado mucho en los últimos años.

한국은 최근 몇 년 동안 많이 변했다.

Yo no he dicho nada. 나는 아무 말도 하지 않았다.

ⓑ **과거완료**: Dijo que ya lo había estudiado, pero no era verdad.

이미 그것을 공부했다고 말했지만 사실이 아니었다.

Cuando llegué al aeropuerto, ella ya había partido.

내가 공항에 도착했을 때는 그녀는 이미 떠나버렸다.

Se fue del pueblo donde había vivido más de diez años.

십 년 이상 살았던 마을을 떠났다.

ⓒ **미래완료**: Para entonces ya habré ahorrado mucho dinero.

그때쯤이면 나는 이미 많은 돈을 저축했을 거다.

Habrán regresado de México el próximo domingo.

그들은 다음 일요일이면 멕시코에서 돌아와 있을 거다.

Ella ya habrá leído la novela mañana por la noche.

내일 밤이면 그녀는 이미 그 소설을 읽었을 거다.

② **형용사의 기능**을 한다. 이 경우 과거분사는 수식하는 명사와 성, 수 일치하며, 수동의 의미를 가진다.

Él es un jugador muy bien conocido. 그는 아주 잘 알려진 선수이다.

Se vende ropa usada en este mercado. 이 시장에서 헌 옷을 판다.

Estos son los edificios construidos en el siglo XVI.

이것들은 16세기에 지어진 건물들이다.

El niño quiso un helado cubierto de chocolate.
아이는 초콜릿으로 덮힌 아이스크림을 원했다.

③ **'ser + 과거분사'**의 형식으로 수동태를 만든다. 이 경우 역시 과거분사는 주어인 명사와 성, 수 일치한다.

México fue conquistado por España. 멕시코가 스페인에 의해 정복되었다.
Las escuelas son construidas por unos arquitectos famosos.
학교가 몇 명의 유명한 건축가들에 의해서 지어진다.
La noticia fue publicada por la universidad.
그 소식이 대학에 의해 공표되었다.
Son defendidos los derechos humanos por los abogados.
인권이 변호사들에 의해 보호된다.

ⓐ **'ser + 과거분사'와 'estar + 과거분사'**: 전자는 주어가 받는 행위를 나타내며(행위 수동), 후자는 그러한 행위가 완료된 후의 상태나 결과를 나타낸다(상태 수동). 'estar + 과거분사' 구문에는 일반적으로 'por 행위자'가 나타나지 않는다.

El banco **fue abierto** a las 8:30. 은행은 8시 반에 열렸다.
El banco **está abierto** desde las 8:30. 은행은 8시 반부터 열려져 있다.

ⓑ **'se 수동'과 'ser + 과거분사' 수동**: se 수동구문에서는 보통 주어가 사물이며, 동사 뒤에 나타난다. 행위자에 관심을 두지 않으므로 일반적으로 'por 행위자'가 나타나지 않는다.

Se escribió la novela en los años ochenta.
La novela **fue escrita** en los años ochenta (por un autor).
그 소설은 (어떤 작가에 의해) 1980년대에 쓰여졌다.

④ 현재분사와 마찬가지로 과거분사도 **절대구문(Construcción absoluta)**을 형성하여 부사절과 유사한 기능을 할 수 있다.

Preparada la fiesta, llamamos a nuestros amigos.
파티가 준비되어서 우리는 친구들을 부른다.

Quitadas las rosas, el jardín será menos hermoso.
장미꽃이 없어지면, 정원은 덜 예쁠 거다.

Vale un millón de wones, incluido el impuesto.
세금이 포함되어 백만 원이다.

Decidido el plan de trabajo, ¿puedo empezar ahora?
작업 계획이 정해졌으니 이제 시작해도 될까요?

연습 문제

(문제 1) 괄호 안의 동사를 문맥에 맞게 적절한 비인칭형(부정사, 현재분사, 과거분사)으로 바꾸시오. 단, 완료시제이면 조동사 haber도 함께 넣으시오.

1. Tenemos que (firmar) la solicitud.
2. Estos días estoy (escribir) un informe.
3. Todavía ellos no (abrir) la tienda.
4. Es necesario (cuidar) las plantas.
5. La casa está (destruir) desde hace mucho tiempo.
6. Ellos prefieren (salir) ahora mismo.
7. La chica, (escuchar) la música, limpió la casa.
8. La madre, emocionada, siguió (besar) al niño.
9. Este año la compañía no (ganar) mucho dinero.
10. Siempre están (cerrar) las ventanas de esa casa.
11. Ella estaba (dormir) cuando entré a casa.
12. Hoy tengo mucho que (hacer).
13. ¿Te gusta (leer) antes de dormir?
14. ¿Por qué no buscas las llaves (perder)?
15. ¿Qué se necesita para (ir) de campamento?
16. (Practicar) un poco cada día, tu español mejorará.
17. ¿Quién va a (partir) el pastel en la fiesta?
18. La novia se sentía feliz (ver) los muebles.
19. La ley de divorcio fue (aprobar) por el Congreso.
20. Esta es una revista muy (conocer) entre los jóvenes.

(문제 2) 괄호 안의 동사를 문맥에 맞는 적절한 완료시제 형태로 바꾸시오.

1. ¿Todavía no (llegar) el autobús?
2. Dijo que ellos ya (revisar) el problema.
3. Cuando vuelvas, nosotros ya (examinar) esos documentos.
4. Cuando llegaron a la estación, ya (salir) el tren.
5. Este verano nos (divertir) mucho.
6. En pocos días yo ya (leer) el libro.
7. Pasado mañana ella ya (volver) a su pueblo.
8. ¿Tú (estar) alguna vez en España?
9. Comentaban que EE.UU. (gastar) tanto dinero en armamento.
10. No contestaron cuando llamé; ellos ya (partir).
11. En los últimos años, los ciudadanos (protestar) mucho por el aumento de los precios.
12. Cuando empiece el nuevo semestre, todas las dificultades ya se (resolver).

(문제 3) 다음을 스페인어로 옮기시오.

1. 지금 막 수업이 끝났다.
2. 나는 오늘 공부할 것이 많다.
3. TV가 지난주부터 고장이 나있다.
4. 근래에 이 도시에 인구가 많이 줄었다.
5. 그녀는 이미 그 영화를 보았다고 말했다.
6. 나는 아직 기말시험 준비를 하지 못했다.
7. 그 소설은 요즘 많은 대학생들에 의해 읽혀진다.
8. 집에 돌아왔을 때 아이들은 낮잠을 자고 있었다.
9. 우리는 다음 주에는 틀림없이 그 문제를 해결해 놓을 것이다.
10. 그는 같은 이야기를 반복하면서 계속 나를 귀찮게 하고 있다.

Capítulo 18

접속법 과거와 si 가정문

1. 접속법 과거(Pretérito de subjuntivo)

1) **접속법 과거의 형태**: 접속법 과거 형태는 –ra형과 –se형 두 가지가 있다. 직설법 완료과거 3인칭 복수형에서 어미 **–ron**을 제거한 후 **–ra** 나 **–se**를 붙여서 만든다.

① 규칙변화형

	comprar (compraron)	vender (vendieron)	recibir (recibieron)
1인칭 단수	compra**ra** compra**se**	vendie**ra** vendie**se**	ecibie**ra** recibie**se**
2인칭 단수	compra**ras** compra**ses**	vendie**ras** vendie**ses**	recibie**ras** recibie**ses**
3인칭 단수	compra**ra** compra**se**	vendie**ra** vendie**se**	recibie**ra** recibie**se**
1인칭 복수	comprá**ramos** comprá**semos**	vendié**ramos** vendié**semos**	recibié**ramos** recibié**semos**
2인칭 복수	compra**rais** compra**seis**	vendie**rais** vendie**seis**	recibie**rais** recibie**seis**
3인칭 복수	compra**ran** compra**sen**	vendie**ran** vendie**sen**	recibie**ran** recibie**sen**

② 불규칙 변화형

decir (dijeron): dijera dijeras dijera dijéramos dijerais dijeran
poner (pusieron): pusiera pusieras pusiera pusiéramos pusierais pusieran
saber (supieron): supiera supieras supiera supiéramos supierais supieran
tener (tuvieron): tuviera tuvieras tuviera tuviéramos tuvierais tuvieran
leer (leyeron): leyera leyeras leyera leyéramos leyerais leyeran
ir, ser (fueron): fuera fueras fuera fuéramos fuerais fueran
estar (estuvieron): estuviera estuvieras estuviera estuviéramos estuvierais estuvieran
querer (quisieron): quisiera quisieras quisiera quisiéramos quisierais quisieran
sentir (sintieron): sintiera sintieras sintiera sintiéramos sintierais sintieran
dormir (durmieron): durmiera durmieras durmiera durmiéramos durmierais durmieran

2) **접속법 과거의 용법**: 기본적인 용법은 접속법 현재와 동일하다. 다만, 주절의 동사가 과거와 관련된 시제일 때 시제일치를 위해 종속절이 과거로 나타난다.

Deseo que me visites algún día.
네가 언젠가 나를 방문하기를 원한다.
Deseaba que me visitaras algún día.
네가 언젠가 나를 방문하기를 원했다.

Voy a salir antes de que vuelva mi madre.
어머니가 돌아오시기 전에 나는 나갈 것이다.
Salí antes de que volviera mi madre.
어머니가 돌아오시기 전에 나는 나갔다.

Necesito una secretaria que hable inglés muy bien.
나는 영어를 아주 잘 하는 비서가 필요하다.
Necesitaba una secretaria que hablara inglés muy bien.
나는 영어를 아주 잘 하는 비서가 필요했다.

① **명사절**에 나타나는 접속법 과거

Deseaba que jugáramos baloncesto. 그는 우리가 농구를 하기를 원했다.

Me dijeron que viniera en las vacaciones. 나에게 방학 때 오라고 말했다.

No creía que asistieras al partido.

네가 경기에 참석하리라고 생각하지 않았다.

Me encantaba que fueras mi amigo. 네가 내 친구라는 게 무척 좋았다.

Era importante que entregaras el documento a tiempo.

네가 서류를 제 시간에 제출하는 것이 중요했다.

Era necesario que lo explicáramos claramente.

우리가 그것을 분명하게 설명하는 것이 필요했다.

Fue sorprendente que hablara tan bien el español.

스페인어를 그렇게 잘 한다는 것이 놀라웠다.

¿Fue difícil que obtuvieras el trabajo? 그 직장을 얻는 것이 어려웠니?

② **부사절**에 나타나는 접속법 과거

Vine aquí para que estudiáramos juntos.

나는 우리가 함께 공부했으면 해서 여기 왔다.

Te llamé para que me acompañaras. 나를 따라 가자고 네게 전화했다.

Hicieron todo sin que pidieran más dinero.

돈을 더 요구하지 않고 모든 것을 했다.

Nos fuimos antes de que comenzara a llover.

비가 오기 전에 우리는 떠났다.

Te ayudaría en caso de que vinieras a mi casa.

네가 집으로 온다면 널 도와줄 텐데.

③ **형용사절**에 나타나는 접속법 과거

Yo quería un amigo que me entendiera.
나는 나를 이해해주는 친구를 원했다.
Le interesaba un trabajo que ofreciera un buen sueldo.
그는 보수가 좋은 직장에 관심이 있었다.
No había nadie que nos interrumpiera.
우리를 방해할 사람이 아무도 없었다.
Necesitaba a alguien que organizara los partidos.
경기를 조직할 누군가가 필요했다.
Buscaba una chica que tuviera experiencia en cuidar a los niños.
아이들을 돌보는데 경험이 있는 소녀를 찾고 있었다.

2. si 가정문(Oraciones condicionales)

si 가정문은 실제로 일어날 수 있는 일을 가정하는 경우와 실제로는 일어나지 않거나 일어나기 어려운 일을 소망하거나 아쉬워하면서 가정하는 경우로 나눌 수 있다. 전자에는 가정절에 **직설법**이 사용되며, 후자에는 **접속법**이 사용된다.

1) 실제 일어날 수 있는 일을 가정하는 경우

① 현재나 미래에 일어날 수 있는 일을 가정하는 경우

Si gana dinero, se lo dará a sus padres.
그는 돈을 벌면 부모님께 드릴 거다.
Si tengo tiempo, voy a ir al cine con ella.
시간이 있으면 그녀랑 영화관에 갈 거다.
Escucha la música si quieres descansar. 쉬고 싶으면 음악을 들어라.
Si no tienes cita, ¿podemos ir de compras?
약속이 없으면 함께 쇼핑갈 수 있겠니?

② 과거에 일어난 일을 가정(언급)하는 경우

Si ganaba dinero, se lo daba a sus padres.
돈을 벌면, 부모님께 드렸다.
Si tenía tiempo, iba al cine con ella.
시간이 있으면 그녀와 영화관에 갔다.
Si tenía vacaciones, visitaba a mi pueblo natal.
나는 휴가를 얻으면 고향을 방문했다.
Si estuvo enferma, fue porque no tomó la medicina.
아팠다면 약을 먹지 않았기 때문이었다.

2) 실제 일어나지 않거나 일어나기 어려운 일을 가정하는 경우

① 현재나 미래에 실제 일어나지 않는 일에 대한 아쉬움을 나타내는 경우(가정법 과거): 가정설에는 **접속법 과거**가 사용되며, 귀결절에는 **조건시제**가 사용된다.

Si yo tuviera coche, te llevaría al hospital.
내가 차가 있으면, 널 병원에 데려다 줄 텐데...
Si fuera amable, tendría más amigos. 친절하면, 친구가 더 많을 텐데...
Haría cualquier cosa si me quisieras.
네가 날 좋아한다면, 무슨 일이든 할 텐데...
Si no estuvieras a dieta, te invitaría una hamburguesa.
다이어트 중이 아니라면, 네게 햄버거를 사줄 텐데...

② 과거에 실제 일어나지 않은 일에 대한 아쉬움을 나타내는 경우(가정법 과거완료): 가정절에는 **접속법 과거완료**가, 귀결절에는 **조건완료**가 사용된다. 접속법 과거완료와 조건완료는 'haber + 과거분사'에서 haber가 각각 접속법 과거와 조건시제로 나타나는 형태이다.

Si hubiera estudiado mucho, habría aprobado el examen.

공부를 많이 했더라면, 시험에 합격했을 텐데...

Si no hubiera llovido, no habríamos cambiado los planes.

비가 오지 않았더라면, 계획을 바꾸지 않았을 텐데...

Si hubiera escuchado a su madre, no habría tenido el accidente.

엄마 말을 들었으면, 사고를 당하지 않았을 텐데...

Si hubiera sido más romántico, me habría casado con ella.

내가 더 낭만적이었다면, 그녀와 결혼했을 텐데...

연습 문제

(문제 1) 괄호 안의 동사를 직설법 혹은 접속법의 과거시제로 바꾸시오.

1. Era necesario que nos (acompañar) Ud.
2. Ya lo sabía antes de que me lo (decir) ellos.
3. Compró la casa que (tener) un jardín.
4. Esperábamos que Uds. (estar) de acuerdo con nosotros.
5. Necesitaba una chica que (llevar) a los niños a la escuela.
6. Te lo dije para que tú (entender) la situación.
7. Entré cuando (entrar) los invitados.
8. No había nadie que (saber) manejar el coche.
9. Te pusieron una multa porque no (estacionar) bien el coche.
10. Si él (ser) un poco más simpático, tendría más éxito en la vida.
11. Si lo (hacer) ella, fue porque se lo pedimos nosotros.
12. Siempre me ordena como si (ser) mi jefe.

(문제 2) 다음을 스페인어로 옮기시오.

1. 나는 네가 방학 때 스페인어를 열심히 공부하기를 기대했다.
2. 우리가 그 파티에 참석하는 것은 가능하지 않았다.
3. 그녀는 내가 그 일자리를 얻도록 많이 도와주었다.
4. 언젠가 날 찾아오면 모든 내 비밀을 다 이야기해주마.

5. 내가 길을 잘 알면 너를 집에 데려다 줄 텐데...
6. 그 부인은 자기 아이들을 잘 돌봐줄 사람을 찾고 있었다.
7. 네 누이는 마치 스페인사람인 것처럼 스페인어를 잘한다.
8. 그가 사고를 당했다면 비가 많이 왔기 때문이었을 거다.
9. 비록 계획을 바꾸었지만 우리는 그 약속은 취소할 수 없었다.
10. 환자들을 병원으로 데려다 줄 사람이 아무도 없었다.

연습 문제 정답

스페인어의 발음

(문제 1)

ca-b**a**-llo	pas-tel	to-**a**-lla
trans-por-te	ma-ra-v**i**-lla	es-cri-to-rio
a-mis-t**a**d	can-ci**o**-nes	tri**u**n-fo
tiem-po	te-le-vi-sor	ba-rrio
in-ne-ce-s**a**-rio	or-den	a-tl**e**-ta
ins-ti-t**u**-to	cuar-to	po-**e**-ma
in-fluen-cia	Pa-ra-gu**a**y	em-ple-o

1. 주격 인칭대명사와 연결동사 ser, estar

(문제 1)

1. Tú
2. Nosotros/Nosotras
3. Él/Ella/Ud.
4. Ellos/Uds.
5. Yo

(문제 2)

1. es	2. están	3. está	4. somos	5. está
6. es	7. está	8. son	9. está	10. estoy
11. estás	12. es	13. está	14. es	15. es

(문제 3)

1. Mi amiga está enferma.
2. Pedro es de España.
3. Mis padres están en casa.
4. Ellos son amables.
5. Mi hermano es médico.
6. Yo estoy cansada.
7. Él es mi novio.
8. La universidad está en Seúl.
9. ¿Dónde es el accidente?
10. El reloj es de oro.

2. 동사의 인칭변화

(문제 1)

1. compro	2. viven	3. comen	4. estudiáis
5. escribe	6. beben	7. tomas	8. sube
9. leo	10. Comprendéis	11. Trabaja	12. abres
13. reciben	14. asistimos	15. venden	16. aprende
17. parte	18. Llegan	19. corre	20. bailamos

(문제 2)

1. Nosotros aprendemos español.
2. ¿Tú vives en el centro?
3. La secretaria habla tres idiomas.
4. Mi hermana abre la ventana.
5. Ahora yo escribo una carta.
6. Mi padre lee el periódico por la mañana.
7. Él compra la ropa para su novia.
8. Carmen baila salsa en la discoteca.
9. ¿Ud. come frutas en la comida?
10. ¿Regresáis vosotros a casa después de la clase?

3. 명사

(문제 1)

la	el	la	el
la	el	el	la
la	el	el	la
el	la	el	el
la	el		

(문제 2)

amigos	calles	televisores
meses	reyes	pies
relojes	ciudades	voces
canciones	autobuses	crímenes
paraguas	jóvenes	miércoles

(문제 3)

hija	hermana	chica
alumna	gata	abuela
médica	inglesa	directora
reina	ladrona	actriz
jefa	dama	

(문제 4)

1. la	2. los	3. las	4. la	5. el
6. el	7. la	8. los	9. los	10. los

(문제 5)

1. El doctor/médico es mi primo (La doctora es mi prima).
2. Ernesto busca a su amiga.
3. Los turistas son de España.
4. La secretaria se llama Elena.
5. Las vacaciones inician esta semana.
6. Voy a la iglesia los domingos.
7. Los jóvenes son muy guapos.
8. Mi flor favorita es la rosa.
9. La novelista es la autora de la obra.

4. 관사(Artículos)

(문제 1)

1. La	2. El	3. x	4. El	5. x
6. El	7. la	8. x	9. x	

(문제 2)

1. está	2. hay	3. está	4. hay	5. Hay
6. están	7. Hay	8. Está	9. hay	10. Está

(문제 3)

1. El coche es del profesor Kim.
2. Hay que hablar en español en la clase.
3. Un estudiante espera al profesor de inglés.
4. Ellos necesitan pan y agua.
5. ¿Hay jardín en la casa?
6. El banco está cerca del centro comercial.
7. ¿Qué hay en la mesa? Hay unas revistas.
8. Ella es pintora, pero no es una pintora popular.
9. ¿Hay muchos hoteles en esta ciudad? ¿Dónde están los hoteles baratos?
10. Doctor, ¿puedo hacer ejercicio todos los días?

5. 형용사(Adjetivos)와 부사(Adverbios)

(문제 1)
1. nuevo, nuevos, nueva, nuevas
2. fácil, fáciles, fácil, fáciles
3. japonés, japoneses, japonesa, japonesas
4. catalán, catalanes, catalana, catalanas
5. algún, algunos, alguna, algunas

(문제 2)
1. guapa
2. difíciles
3. viejas
4. francesa
5. latinoamericanas
6. blancos
7. buen
8. gran
9. juguetones/malos
10. primer

(문제 3)
1. pobre muchacho, mujer pobre
2. noticia cierta, Cierta persona
3. perro viejo, viejo amigo
4. gran mujer, hombre grande
5. nuevos amigos, modelo nuevo

(문제 4)
1. Estos días estudio mucho el español.
2. El pobre chico trabaja en un restaurante chino.
3. Ella necesita un pantalón amarillo y una blusa blanca.
4. Aprendo rápidamente el baile.
5. Él tiene buen carácter. Podemos hablar del tema/problema con él.
6. El hombre pobre tiene un coche usado.
7. Voy a comprar una nueva casa. La casa tiene diez años.
8. Su novio es un gran jugador de futbol. Ellos van al cine juntos mañana.

6. 수사(Numerales)

(문제 1)
1. cincuenta y nueve
2. veintiún/veintiuna
3. trescientos sesenta y cinco
4. mil cuatrocientos noventa y dos
5. ochenta y seis mil cuatrocientos
6. trece millones de
7. séptima
8. cinco(quinto)
9. cuarto/doce
10. El veintiuno de febrero de dos mil veintidós

11. cero cincuenta y dos, dos cincuenta y nueve, veinticinco cincuenta y cinco
12. siete
13. Quinto/dieciséis
14. diez y cuarto
15. ocho menos cinco(siete y cincuenta y cinco)

(문제 2)
1. ¿Qué hora es? Son las nueve y media de la mañana.
2. ¿Qué fecha es mañana? Es quince de abril.
3. Vivimos en el siglo XXI (el siglo veintiuno).
4. Mi hijo tiene tres meses.
5. La ciudad tiene ochocientos mil habitantes.
6. Su fecha de nacimiento es el veinticinco de noviembre de mil novecientos setenta y siete.
7. ¿A qué hora empieza la fiesta? Empieza a las diez de la noche en punto y termina a la medianoche.
8. ¿Cuándo termina este semestre? Termina a fines de junio y empiezan las vacaciones.
9. ¿Qué día partes a España? Parto el próximo martes.
10. El edificio tienc diez pisos y mi oficina está en el séptimo piso.
11. En la empresa trabajan ciento cincuenta y un empleados.

7. 지시사와 소유사

(문제 1)

1. esa	2. estos	3. esa	4. aquellas
5. estas	6. esos	7. este	8. aquella

(문제 2)

1. Este abrigo es mío.	2. Ese postre es suyo.
3. Aquellas patatas fritas son nuestras.	4. Estos zapatos son tuyos.
5. Esas tarjetas son mías.	6. Este pasaporte es suyo.
7. Aquel paraguas es tuyo.	8. Esa computadora es nuestra.

(문제 3)
1. Tu casa es cómoda, pero la mía no es cómoda.
2. Mis amigos reciben buena nota en esta clase.
3. Necesitan el pasaporte para viajar al extranjero.
4. Dicen que ese trabajo es fácil, pero (eso) no es verdad.

5. Debemos tomar este autobús para ir a esa playa.
6. Mi computadora es esta, pero me gusta aquella.
7. Estos días aquel teléfono celular está de moda.
8. ¿De quién es esta tarjeta? Es mía.

8. 직설법 현재의 불규칙 인칭변화

(문제 1)

1. tiene	2. vuelves	3. pedimos	4. juegan
5. puede	6. sé	7. sirve	8. salgo
9. haces/hago	10. van/vamos	11. conduce	12. siguen
13. exijo	14. oye	15. agradezco	

(문제 2)

1. hace calor	2. tiene hambre	3. hacen preguntas
4. tiene sed	5. Tengo sueño	6. hacer la compra
7. Tengo prisa	8. hago un examen	9. hacer la cama
10. tener cuidado	11. Tienes miedo	12. hacen caso

(문제 3)

1. ¿Cuántos años tiene tu hermano? Tiene 17 años (de edad).
2. Ella les envía esta carta a sus padres.
3. ¿Cuánto tiempo hace que trabaja en esa empresa?
4. Tú mientes, por eso no confío en ti.
5. Hace calor, tengo dolor de cabeza... No puedo salir ahora.
6. Hace buen tiempo. Hoy vamos a limpiar la casa.
7. Estoy cansado del trabajo, por eso quiero descansar.
8. Él conduce rápido cuando está enojado.
9. Los alumnos traducen las oraciones y el profesor corrige las traducciones.

9. 목적격 인칭대명사

(문제 1)

1. Lo veo en el patio.
2. Las llevo al museo.
3. Les escribo una carta.
4. Le ofrecemos un trabajo.
5. Nos lo dice.
6. Podemos tenerla mañana./La podemos tener mañana.

7. Los chicos quieren terminarlo./Los chicos lo quieren terminar.
8. Nos lo traen.
9. Se la enviamos.
10. ¿Tú se lo dices?
11. ¿Puede pasármelo?/¿Me lo puede pasar?
12. Tienes que explicárselo./Se lo tienes que explicar.

(문제 2)

1. ti	2. Ud.	3. ellos	4. conmigo
5. él	6. contigo	7. mí	

(문제 3)

1. Vamos de compras después de comer.
2. Me duele la cabeza y voy a tomar la siesta.
3. Quiero comprar una computadora, ¿puedo pagarla con tarjeta?
4. A Pablo le gusta la comida coreana, ¿lo sabes?
5. Me encanta la fiesta. Te agradezco la invitación.
6. ¿Necesitas los archivos? Voy a traértelos.
7. Tú no dices la verdad, por eso no puedo confiar en ti.
8. Alfonso quiere bailar contigo. ¿Te cac bien él?
9. Él es inteligente, pero no estudia mucho y tiene malas notas.
10. Este disco compacto lo compro para ella y se lo entrego esta tarde.

10. 부정문, 의문문, 감탄문

(문제 1)

1. No conozco esta ciudad.
2. El río no es ancho.
3. No salgo bien en la fotografía.
4. No la veo en el cine.
5. ¿No te lo entrega ella?
6. A nosotros no nos gusta leer novelas de terror.
7. El niño nunca come verduras./El niño no come verduras nunca.
8. ¿No hay nadie en la plaza?/¿Nadie hay en la plaza?
9. ¿No compras nada para tu familia?/¿Nada compras para tu familia?
10. Yo tampoco hago ejercicio por la noche./
    Yo no hago ejercicio tampoco por la noche.

(문제 2) 1. ¿Qué estudian ellos esta tarde?
2. ¿Quién trabaja en la empresa?
3. ¿Dónde está el mercado?
4. ¿Con qué abrimos la puerta?
5. ¿Cómo hacen la tortilla?
6. ¿Con quién van a cenar ellos?
7. ¿De quién es el coche?
8. ¿Cómo se llama ella?
9. ¿Cuántas horas(Cuánto tiempo) tarda el tren en llegar a la ciudad?
10. ¿A qué hora empieza el concierto?
11. ¿Qué falda quiere comprar?
12. De las dos blusas, ¿cuál prefiere ella?

(문제 3) 1. ¡Lo siento! 2. ¡Encantado! 3. ¡No importa!
4. ¡Buen viaje! 5. ¡Qué bien! 6. ¡Buena suerte!
7. ¡Cuidado! 8. ¡Buen provecho!

(문제 4) 1. Él nunca falta a clase.(Él no falta nunca a clase.)
2. ¿Desde cuándo le gusta la música latina?
3. ¿Con quién haces ejercicio a esta hora?
4. Mi deporte favorito es el futbol. Pero no lo juego con frecuencia.
5. ¿Cuál es tu ropa, esta o aquella?
6. ¿Cuánto dinero necesitamos para comprar una computadora?
7. Hablas de esa materia con el profesor, ¿verdad?
8. Ella ya tiene ahorrado mucho dinero para la boda.
9. Quiero comprar un celular, pero todavía me falta mucho dinero.
10. ¡Qué maravilloso (es el) concierto! Estoy muy satisfecho.

11. 직설법 완료과거시제와 불완료과거시제

(문제 1) 1. perdí 2. hiciste 3. durmió 4. compraste
5. vi 6. tuvimos 7. supimos 8. vino
9. vivió 10. estuvo 11. destruyó 12. fui

(문제 2) 1. sonó 2. leía 3. contemplaban 4. robó
5. pensaba 6. sucedió 7. escuchó 8. observaba
9. caminaba 10. abrió

(문제 3) 1. murió 2. íbamos 3. empezaron 4. esperabas
5. vivía 6. abriste 7. llovía 8. llamé
9. estaba 10. viste 11. tomaba 12. duchaba
13. tomé 14. supimos 15. conocía

(문제 4)
1. Mi madre cocinaba cuando llegué a casa.
2. Cuando yo era niño, mi familia vivía en Pusan.
3. El año pasado ella estudió español en México durante un semestre.
4. Hace unos días aquí hubo un accidente de tráfico.
5. Cuando salieron los padres, los niños empezaron a mirar la televisión.
6. En esa época yo iba al concierto cada dos semanas.
7. El pueblo estaba silencioso y no había nadie en la calle.
8. ¿Qué hacías cuando te llamé anoche?
9. Ayer ellos bailaron toda la noche en la fiesta.

12. 미래시제와 조건시제

(문제 1) 1. llamaré 2. sabrás 3. darán 4. saldrá
5. preparará 6. pensarán 7. vendrán 8. terminaremos
9. podrán 10. será

(문제 2) 1. llevará, llevaría 2. Llegará, Llegaría 3. iría, será
4. faltaría, saldrá 5. vivirá, tendría

(문제 3)
1. Ella irá a la fiesta conmigo la próxima semana.
2. Si trabajas mucho, obtendrás un buen resultado.
3. Si Uds. terminan el trabajo a tiempo, podrán descansar.
4. Me gustaría hablar con Ud. de mis planes de viaje.
5. Si él piensa en mí, regresará pronto.
6. La madre le prometió a su hijo que le compraría espagueti.
7. Dijo que esta Navidad no haría el viaje porque no podía comprar el boleto de avión.
8. ¿Estará enojada ella? ¿Qué debería decirle?

13. 재귀대명사(Pronombres reflexivos)

(문제 1)

1. se llama
2. te pones
3. se acuestan
4. se lava
5. me limpio
6. vas a afeitarte/te vas a afeitar
7. os ducháis
8. se quitan
9. nos bañamos
10. quieren sentarse/se quieren sentar

(문제 2)

1. 그녀는 그를 소파에 앉힌다.
   그녀는 소파에 앉는다.
2. Marta는 항상 그녀에 대해 말한다(Marta ≠ 그녀).
   Marta는 항상 자신에 대해 말한다.
3. 어머니는 나를 일찍 일어나게 한다.
   어머니는 일찍 일어난다.
4. 불쌍한 노인들이 서로서로 돕는다.
   사람들이 불쌍한 노인들을 돕는다.
5. (누군가) 아이들을 씻긴다.
   아이들이 씻는다. 아이들이 서로 씻어준다.

(문제 3)

1. Se ducha con agua fría en invierno.
2. Anoche me acosté temprano después de hacer ejercicio.
3. Todas las mañanas se baña después de levantarse.
4. Los invitados se saludan en la fiesta de Navidad.
5. Los padres siempre se preocupan por sus hijos pero los hijos piensan solamente en sí mismos.
6. Mis amigos se comieron la pizza. Me muero de hambre.
7. Su hija se hizo enfermera a los 24 años.
8. Los novios se aman, pero se niegan a casarse.
9. Se dice que no se sirve pescado en este restaurante.

14. 접속법과 명령문

(문제 1)

1. descanses
2. ayude
3. están
4. se encuentre
5. des
6. saben
7. tenga
8. prefiera
9. quiere/quiera
10. llueve
11. entiendan
12. aprendas

13. voy 14. tiene/tenga 15. veo/vea
16. trabajes 17. tenga 18. entra
19. haga 20. nieva/nieve

(문제 2) 1. El médico me recomienda que haga ejercicio.
2. No creo que él esté preocupado por nosotros.
3. Siento mucho que ellos no encuentren trabajo.
4. Le gusta su trabajo aunque no gana mucho dinero.
5. Es necesario que trabajemos juntos para hacer bien este trabajo.
6. Habla despacio. No te entiendo.
7. ¡Ojalá que él nos perdone!
8. Abre la puerta con cuidado para no interrumpir la clase.
9. No lo invites a cenar antes de que todos estén de acuerdo.
10. No podremos terminar el trabajo a tiempo en caso de que se descomponga la computadora.

15. 관계사

(문제 1) 1. que 2. quien 3. lo que 4. cuyos
5. cuando 6. lo que 7. donde 8. lo que
9. la que 10. a quien

(문제 2) 1. Mañana visito a mis primos que viven en Salamanca.
2. El ladrón que robó el banco está en prisión.
3. Este es el mecánico del que/de quien te hablé antes.
4. No me gustan los chicos que/a los que/a quienes vas a invitar.
5. La chica con la que/con quien yo salgo es rubia.
6. El barrio en que/en el que/donde vivo está muy apartado del centro.
7. El autobús que pasa a las ocho por aquí está siempre lleno.
8. La empresa Hyundai, cuyos coches se venden mucho en el mundo, es coreana.
9. El muchacho obtuvo una beca, lo que/lo cual sorprendió a sus compañeros.
10. La señora, de cuya hija yo estoy enamorado, es mi vecina.

(문제 3) 1. La ropa que compré ayer me queda bien.
2. La clase del que hablaste es muy interesante.
3. Su familia visita hoy la compañía en la que trabaja su padre.
4. Quien habla mucho pide mucho también.
5. Lo que estudiamos hoy es muy difícil.
6. No entiendo la razón por la cual se canceló la reunión.
7. Busco un amigo que haga lo que necesito.
8. Esta ciudad es donde nació mi hermano menor.
9. Él siempre obtenía la beca, lo que daba mucho gusto a sus padres.
10. Quiero vivir en una casa, cuyo jardín sea bonito.
(Quiero vivir en una casa, donde el jardín sea bonito.)

16. 형용사, 부사의 비교급(Comparativos)과 최상급(Superlativos)

(문제 1) 1. Esta chaqueta es más elegante que el abrigo.
2. La playa es la más extensa de ese país.
3. Las corridas de toros son tan populares como el futbol en España.
4. Tu bicicleta es peor que la mía.
5. Fue la mejor oportunidad de todas.
6. La naranja es una fruta tan sana como la manzana.
7. Este chiste es menos gracioso que el otro.
8. Aquí estaba el edificio más alto de la ciudad.
9. Jaime es guapísimo.
10. Ella gana tanto dinero como su marido.
11. Los padres no duermen tanto como los hijos.
12. Tu amiga baila mejor que tú.
13. La señora es mayor que mi madre.
(La señora es más vieja que mi madre.)
14. Ese chico es el menor de los estudiantes.
(Ese chico es el más joven de los estudiantes.)
15. El muchacho es el que terminó menos pronto entre sus amigos.
16. Aquel fue el peor día de toda mi vida.
17. Era el celular más pequeño de todos.
18. Este pescado es el que sabe mejor de todos los platos.

(문제 2)

1. ¿Cuál es el coche más barato?
2. Él gana más dinero que su padre.
3. Hoy la fiesta es más divertida que antes.
4. Mi hermano menor corre tan rápido como el jugador.
5. Ayer llegué al trabajo más tarde que el jefe.
6. En ese país hay tantas universidades como en el nuestro.
7. Mi abuela es la mayor de nuestro barrio.
8. Pepé es el que escucha la clase más atentamente entre nosotros.
9. La secretaria usa la computadora mejor de lo que pensaba yo.

17. 동사의 비인칭형

(문제 1)

1. firmar	2. escribiendo	3. han abierto
4. cuidar	5. destruida	6. salir
7. escuchando	8. besando	9. ha ganado
10. cerradas	11. durmiendo	12. hacer
13. leer	14. perdidas	15. ir
16. Practicando	17. partir	18. viendo
18. aprobada	20. conocida	

(문제 2)

1. ha llegado	2. habían revisado	3. habremos examinado
4. había salido	5. hemos divertido	6. habré leído
7. habrá vuelto	8. has estado	9. había gastado
10. habían partido	11. han protestado	12. habrán resuelto

(문제 3)

1. Acaba de terminar la clase.
2. Hoy tengo mucho que estudiar.
3. El televisor está descompuesto desde la semana pasada.
4. En los últimos años la población ha disminuido mucho en esta ciudad.
5. Ella dijo que ya había visto la película.
6. Todavía no he preparado el examen final.
7. Esa novela es leída estos días por muchos estudiantes universitarios.
8. Cuando volví a casa, los niños estaban tomando la siesta.
9. Nosotros habremos resuelto ese problema sin falta la próxima semana.
10. Él sigue molestándome repitiendo la misma historia.

18. 접속법 과거와 si 가정문

(문제 1)

1. acompañara	2. dijeran	3. tenía
4. estuvieran	5. llevara	6. entendieras
7. entraron	8. supiera	9. estacionaste
10. fuera	11. hizo	12. fuera

(문제 2)

1. Yo esperaba que estudiaras mucho el español en las vacaciones.
2. No era posible que asistiéramos a la fiesta.
3. Ella me ayudó mucho para que obtuviera el trabajo.
4. Si me visitas algún día, te contaré todos mis secretos.
5. Si yo conociera bien el camino, te llevaría a tu casa.
6. La señora buscaba una persona que cuidara bien a sus hijos.
7. Tu hermana habla español muy bien como si fuera española.
8. Si tuvo un accidente, fue porque llovía mucho.
9. No pudimos cancelar la cita aunque cambiamos los planes.
10. No había nadie que llevara a los enfermos al hospital.